厚德仁心，风雨人生路

杨依祥
著

南海出版公司
2025 · 海口

图书在版编目（CIP）数据

厚德仁心，风雨人生路 / 杨依祥著 . -- 海口 : 南海出版公司 , 2025. 4. -- ISBN 978-7-5735-1126-3

Ⅰ . K826.2

中国国家版本馆 CIP 数据核字第 2025HL4093 号

HOUDE RENXIN，FENGYU RENSHENG LU

厚德仁心，风雨人生路

作　　者　杨依祥

责任编辑　聂　敏

出版发行　南海出版公司　电话：(0898) 66568511 (出版) (0898) 65350227 (发行)

社　　址　海南省海口市海秀中路 51 号星华大厦五楼　邮编：570206

电子信箱　nhpublishing@163.com

印　　刷　天津睿意佳彩印刷有限公司

开　　本　710 毫米 ×1000 毫米　1/16

印　　张　15.5

字　　数　103 千

版　　次　2025 年 4 月第 1 版　2025 年 4 月第 1 次印刷

书　　号　ISBN 978-7-5735-1126-3

定　　价　98.00 元

目　录

第一章　激情奋斗六十载

第二章　老骥伏枥亦生辉

第三章　天南地北任我游

第四章　温馨回味家庭事

第五章　诗书墨韵悟人生

第一章 激情奋斗六十载

一、故　乡

我叫杨依祥，生于一九五一年农历七月，属兔，家住山东省菏泽市单县黄岗镇邓窑村。父亲杨连卯，母亲杨王氏，一生务农。我是长子。

单县，隶属于山东省菏泽市，位于山东省西南部，苏鲁豫皖四省八县交界处。单县历史人文厚重，古称单父，因舜帝之师单卷居此而得名，是汉朝开国皇帝刘邦之妻吕雉故里。相传老子曾在此隐居悟道，故单县素有“道德经的摇篮、善文化的发源地”之称。

我的故乡邓窑村位于单县城南三十里，古黄河故

道北岸，古秦皇二堤之南，著名的浮龙湖景区之东南角，与河南、安徽属地隔黄河古道相望。邓窑村始建于清中期，全村现有三千余人，以崔姓、杨姓、陶姓、毛姓、楼姓为主。

杨姓，据说最早源于春秋时期的杨国（今山西省洪洞县），后为隋朝、南吴的国姓。

“杨”为太阳之意，由“木”和“昜”组成。“木”指扶桑，也称杨树，生长在东方大海上的汤谷，“昜”古同“阳”，是“日升汤谷”的形象描写。

我杨姓家族是明洪武二十一年（公元一三八八年）从山西洪洞县大槐树迁至单县城东二十里杨洼村的，后分三支，我曾祖是清中后期来邓窑村定居的。传说杨震任荆州刺史时，为官清廉，拒绝行贿者时说："天知、神知、我知、你知，怎么说没人知道呢！"后世遂以"四知"为堂号，于单县杨洼建家庙。家族以东汉太尉杨震为祖，依字排序，"……淑福明德绪，公依圣惠司，真传开国本，永学保身宜……"我是"依"字辈，家谱排一百零五世人。

我们杨姓人家大部分住在邓窑的村东头，我记忆中的五服家人是：老太爷生三子，长门无子，二门是我的曾祖父，三门是杨依明弟的曾祖父。我的祖父行二，按家规继承长门。祖父杨心凤早年加入中国共产党地下党组织，带领村民反抗日本帝国主义侵略，反抗国民党的统治，一九四七年于战斗中光荣牺牲，为革命烈士。

父亲杨连卯、母亲杨王氏一生务农，勤俭持家，育有三男四女。父母始终坚信“万般皆下品，唯有读书高”，先后将我们兄妹几个人都送进了学校，安排了工作，进了城，充分发扬了“孝悌传家远，诗书继世长”的精神。这在十里八村是少有的，父母也因此受到乡邻的高度赞扬。

儿时，父亲经常带着我到外面玩，有时遇到了扛着草筐子叫卖烧饼的小贩，父亲就给我买烧饼吃，烧饼热乎乎的，特别甜。当时我们住的是三间西屋瓦房，家有四亩良田，还算富足。六岁那年，我跟着陈家老爷爷去黄河故道里放羊，当时黄河故道里是一望无际的毛草和沙棘，有点像大草原，我们把羊撒开，到吃晚饭时再把它们赶回家。这些事让我至今难忘。

祖母去世得早（可能是父亲三岁时），我没有见过，但是我见过我的曾祖母。我印象中她穿一身黑衣服，裹着小脚，每次我们家请她吃饭都是父亲用木轮车接送她。她每次来都给我带糖块、花生等，而我则围着她打转，家有老年人真的很幸福。

童年有父母的关心、爱护、培养、教育，无疑是幸福的童年，是让我永远难忘的童年。

二、小学、中学

邓窑村是一个比较大的自然村，据村史记载，一九五八年全村共有一千两百人，算是个比较大的村落。

中华人民共和国成立后，村里一处大院落被政府征用，改建成了邓窑完小（指拥有所有年级的完全小学）。那时小学分南、北两个大院，南院设一至三年级，北院设四至六年级，接收周围村庄的学生。

一九五九年夏天，我背起书包进入了邓窑完小。那一年我们班招了十六名学生，到五年级时，来了两个插班生——曹永刚、郭读全。我们十八个人一直到小学毕业升中学才各奔东西。

在家乡的小学读了六年书，让我印象最深刻的是我们的小学校长黄中寅。黄校长是一个精明强干的管理者，将老师的教学计划和学生的生活，都安排得井井有条。他还安排大家在教室前面围起了小菜园，种上萝卜、小白菜、菠菜、西红柿、油菜等，既可以观赏，又可以食用。当时他教地理，上课时在黑板上画中国地图，从白山黑水的东北大地到万里长城的京燕大地，从京沪铁路到陇海线，从华北到华南，从黄河到长江，从东海到南海，均信手拈来，我从他那里学到了很多东西。

我的小学启蒙老师有赵彦秀老师、陈学兰老师，语文老师有陈学文老师、胡瑞峰老师，数学老师有陈明江老师、黄爱连老师等。

距离我们学校南面不远的地方有两个大果园，园内植有桃、梨、杏、山楂等果树，树都很大，春天百花盛开，秋天果实累累。有时老师带我们去上自习课，有顽皮的男生得意扬扬地爬上大树，老师便在下面不停地提醒他“不要摔伤自己”。

一九六五年夏天，我考入了山东省单县第三中学，在这里读完了初中（九级 1 班）和高中（三级 2 班）。

单县位于苏、鲁、豫、皖交界处，共有十二所中学。单县第三中学位于城南二十五里的黄岗镇，创建于一九五六年，是县里的重点中学。

我一入学就被分配到九级 1 班，当时还有一个九级 2 班。每班四十八人，分为四个小组，我是班里的学习委员兼第一组组长。我的学号是二号，同桌陈延杰是一号，我们两人坐在第一排靠内的一桌。

当时全校共三级十个班，其中七级四个班、八级四个班，我们九级两个班，全校教职工共计六十余人，学生五百人左右。校长张祥生是张集公社张坊人，老革命，他个子不高，五十多岁。班主任兼语文教师是王德杰，毕业于南京大学。数学老师汤恭冲，矮个子，业务能力很强，他的板书是标准的隶书，蚕头雁尾，又干净又漂亮。当时学校的师资力量很雄厚，一线教师都是毕业于山东师范大学、曲阜师范大学的高才生，诗词、书画、唱歌、跳舞，几乎人人都会。

在这个新的天地里，我开阔了视野，接受了系统的教育。因为我是烈士的后代，学校还免除我的一切学杂费，那时每人每月交纳七元钱伙食费，我每月只需交纳三元。

我们班有我们杨氏兄弟四人（杨依立、杨依梅、杨依昤和我），还有同村的张保升、崔同宪、董良德、崔同喜、陶祥文、陶祥菊、楼尽美、闫尽美，大王庄的孙继文、石秀云、崔文秀、杨恭喜，高韦庄的邵广富、韦统田，后石楼的石常宪、石常海、石兴华，南街的申少敬、刘桂雪、韩兆亮、毛爱芹、路洪魁等。上高中时又增加了原九中的赵世稳、刘翠兰、刘存玲。

学校当时有两个食堂，分别为教师、学生提供服务，学生每人每月可以从家中带地瓜干换粮票，每月二十七斤，三粗七细，若不够吃就得从家带馒头，有时天气热，馒头容易发霉，我们舍不得丢掉，洗洗接着吃。有时候父亲到黄岗镇赶集，会给我送来几个馍，五年的校园生活就这样度过了。

我从小热爱体育运动，平时常和同学们在教室前的台子上打乒乓球，申少敬、杨依呤是我的搭档和对手。此外我也喜欢短跑、跳高。到上高中时，我开始打篮球，我跑得快、投得准，是班里的篮球队长，也是三中校队队员。我的第一任篮球教练是三中二级运动员袁乃三，他传授我们篮球知识，致力发展各班的体育运动，还常组织开展篮球比赛。当时二级的老大哥中比较优秀的篮球运动员有王允灿、陶吉真，我们作为校友经常在一起打球。

就这样，我系统地接受了初高中教育，学习文化的同时加强体育锻炼。正如毛主席在《体育之研究》一文中说：“文明其精神，野蛮其体魄。”

一九七〇年八月我从单县三中毕业了，含着眼泪离开了学习和奋斗了五年之久的地方，准备迎接新的挑战。

三、单县卫校

当时老三届的学生，城镇户口的接受贫下中农再教育，农村户口的在家劳动锻炼。大家一边劳动，一边等待着祖国的召唤，随时准备报效国家。

一九七一年的春节刚过，就传来了国家要招收工农兵学员的消息，所谓工农兵学员，就是从工人、农民、解放军中选拔优秀人才上学（本科、大专、中专）。我有幸成为我村的第一名工农兵学员。

经山东省革命委员会和省招生办批准在单县建立的“五七”红校，是以山东单县卫校、山东单县师范学校为基础组建的，学校设卫生班两个、师范班两个、水利班一个。新生先去单县一中报到。

入校后，我被分配到卫生班。我们七一级卫生班有学员四十八名，我任四班班长。现在我能记起的同学有杨绪安、刘宝玉、刘先金、孙新祥、程玉岭、刘秀英、王翠华、段秀岭、张秀梅、张翠兰、梁建香、时维娟、陈雪荣、刘庆堂、齐桂英、齐菊荣、许秀荣、张秀合、李玉兰、刘太荣、石兴臣、郭祥真、王宝强，还有二班的陶兴顺、芦汉中、朱坤岭、王翠芹、王涛、段方全等。

三周军训结束后，我正式踏上了学医的道路。我们卫生班的班主任是山东师范学院毕业的董清蕊，他原是单县卫校的政治辅导员，很严肃。专业课从解剖学开始，内科、外科、五官科、药物学等也相继开课。单县中心医院的专家李作鼎、李德民、李民生、苏光亮、林玉连、周人、翟熙昌、屠恒来、夏继安、周振星、郭自尧、田质华、王廷荣等人担任教员。

在单县一中时，最值得怀念的是我们的校篮球队，我们的主教练是原一中体育老师、二级运动员唐开禹，副教练是单县师范学校体育老师孙世立，球队共有十二人，其中我和刘宝玉是来自卫生班的。球队的训练很苦，起床后要先跑到七里庄，回来再做早操、吃饭，下午三点后开始训练，七点钟结束。三个月后，我们开始参加县直各单位的比赛，还会去单县文化馆灯光球场打球。那个时期是我饭量最大的时期，一顿饭要吃一斤多白面馒头，一天能吃四斤左右。

那时我和刘宝玉关系特别好，我经常骑着我的青岛牌自行车，驮着宝玉去城关镇他父亲那里玩，宝玉的父亲是镇政府政治部主任，每次我们去他都让炊事员给我们拿两个白面馒头吃。我还经常和宝玉、绪安、新祥夜里跑到县北关桥买酒，再跑到西关桥头买烧鸡，然后在那繁星点点的夜空下，听着桥下的流水声，吃着用莲叶托着的烧鸡，饮着酒，肆意地笑谈！这就是青春的肆意张扬吧！

一九七二年春天，我们离开了一中回归单县卫校，到单县中心医院各科室开始临床见习。我也是在这时候真正地了解了医院，参与了各种疾病的诊断治疗以及危重病人的抢救、手术、会诊等。我感到了责任的重大，下决心一定好好学习，做一名合格的医生。

三个月的见习很快结束，实习开始了。我的大部分同学都去往县各中心卫生院实习，我和宝玉、绪安、先金、新祥是篮球队的，故留在了单县中心医院实习。我选择的是内科，绪安、宝玉选择的是外科。

单县中心医院始建于一九四八年，前身是平原省湖西地区医院，一九五二年被省卫生厅改名为单县中心医院。医院里的老专家都是省院派来的，此外还有一大批毕业于二十世纪五十年代的优秀医学专家。这些人就是我当时的老师，他们辛勤地栽培了我，他们的技术让我

单县卫校同学合影留念

享用一生，终生难忘。

单县中心医院内科的林玉连、周人、翟熙昌、李德民、屠恒来等教授都是我的良师。我在门诊、病房实习，门诊开处方、病房开医嘱以及各种穿刺、阅片，急危重病人的抢救……这里的一切实践都为我毕业后成为一名内科医师打下了扎实基础。

三年的学业很快结束了。一九七三年八月，我们由国家统一分配至菏泽市各县。我和十四位同学被分配至成武县，并由成武县卫生局统一分配，我最终被分配到城关医院，其余同学则分配至各乡镇卫生院，如南鲁医院张宾，田集医院李玉兰，白浮医院王子荣、王翠芳，孙寺医院孙培荣、刘桂兰，天宫医院齐桂英、朱国远，九女医院许秀荣，汶上医院单衍会等。

四、成武县基层医院工作

一九七三年八月中旬，我被分配到成武县城关医院工作。父亲给我买了一辆金鹿牌自行车和两个柳条包（大的装被褥，小的做书箱）。我从单县乘汽车前往成武县，到达医院后受到了毛玉林院长、崔根德会计的热情接待。医院给我安排了一间南向宿舍，宿舍里有一张床、一张桌子、一把椅子。

当时医院位于县城的老城街中段，对面是成武县政府，西边是县人民武装部、县粮食局直属库、县水利局家属院，东边有鞋厂、丝织厂、邮电局、妇幼保健所、县招待所、电影院等。这是成武县的中心城区，当时没有柏油路，只有一条东西长约一公里的石板路。

根据安排，我去内科门诊上班了，内科医师就有张兆臣大夫、王云卿大夫、王桂珍大夫和我四个人。医院内科只有门诊没有病房，平时病人不少，上班真的很忙。那时，医院外科医师是张洪展大夫，可以做中小手术；妇科医师是孙桂兰大夫、冀爱荣大夫；中医科医师是李保善大夫；骨科大夫是拥有祖传中医正骨技法的傅老先生；针灸科是潘秀峰大夫；护士杨秀荣、丁惠娟；药房药师侯连云和牟晓华。由于我和牟晓华、杨秀荣、丁惠娟同龄，故关系很好。

当时医院没有食堂，有家属的大多是自己做饭。我选择了去对面的县政府食堂吃饭，食堂内没有桌椅，大家买了饭放在旧石碑上蹲着吃，有说有笑，好不热闹。当时我与卫生局的曹局长、田股长、任股长的关系都很好。

由于医院没有放射科，院里决定让我去学习，以填补放射科医师岗位的空缺。一九七三年十月，我再次回到单县中心医院，在放射科跟着孙岩、史耀章、邓振山老师学习。因为实习时来过这个科，故透视、摄片、阅片等学习非常顺利。一九七四年初春，菏泽地区放射科的专家王光汉来单县检查工作。一天中午吃饭时，孙岩老师对他说“王主任把小杨带走吧，地区医院放射科会更好些”。经王光汉老师同意，在成武县卫生局办理相关手续后，我正式前往菏泽地区医院放射科进修学习。

在菏泽地区医院王光汉等老师的悉心指导下，我的业务水平不断提升，建院以来数万张 X 光片的阅片工作让我收获很大。虽然最终我没有选择放射科，仍做了一名内科医师，但拥有这段经历无疑是非常荣幸的。我在这里学习了十个月，其间为了学习更多内科知识，我经常利用休息时间参与内科、儿科的查房，危重病人会诊也常去参加。特别是地区医院内科首席专家杨锡凡教授的会诊和授课，我一次不落，并多次向杨教授请教。那时杨教授已七十高龄，是省立医院支援鲁西南的海归学者、留美博士，他的夫人马光芹是心内科医师，能和他们相识是我一生之幸事。

一九七四年的冬天，我在菏泽地区医院放射科的进修结束了，回到医院仍在内科工作。十二月份医院决定让我和会计崔根德、成武化肥厂业务员刘提端一同前往上海购买 X 光机。我们乘邮电车到了兖州火车站，不幸的是，没有买到当夜去往上海的火车票；幸运的是，当时兖州站的站长是成武西洼村的老乡，我们找到他，他请我们吃了晚饭并安排我们坐上了软卧车，我记得当时每人交了一百零三元的车票钱，车票样式和现在的差不多。

车到上海站，我们找旅店住了下来，然后联系熟人，打听到了上海医疗器械厂和上海钢厂可以买到 X 光机。当时成武县鞋厂常驻上海的业务员吴素娟帮我们找关系购买，但是几天过去了，我们还是没有办妥此事。

来上海的第五天，我们分头行动。吴素娟带着我参观了原中苏友好大厦，我看到了我国第一台国产万吨水压机以及各种高科技产品。中午吴素娟请客，在一家饭店的二楼点了四菜一汤。看到那盘螃蟹，我迟迟没有动筷，她马上反应过来，我没有吃过，不知道怎样下手。她便动手拆解了两只，放在我的盘子里。这是我第一次和一位年轻貌美的姑娘共进午餐。

来上海的第六天，成武丝织厂的马成文回上海了，他是上海的知青，在成武苟村集锻炼。当了工人的他热情地把我带回家——位于上海静安区的一幢工人宿舍楼。宿舍楼在上海静安区体育馆旁边，一进门是一节很陡的楼梯，上面大约二十平方米，放着一张床，床前有十多平方米是工作和吃饭的地方，做饭在楼梯下。我们到家没一会儿，成文的妈妈也下班回来了，她给我们做了大块红烧肉。饭后，我们到黄浦江的渡口乘船去浦东看海。下了船，我们乘上公交车走了二十多分钟，经过几个小村庄和农田后来到了大海边。啊，一望无际的大海啊，这是我第一次见到大海。那天风平浪静，数艘轮船在浩瀚的大海上航行，真是“海到无边天作岸”。

来上海的第七天，我们乘了四个小时火车去往杭州，我们大多是第一次来杭州，因此很兴奋。当时，给我印象最深的是游览“三潭印月”，时值冬季，荷花都枯了，湖面也结了冰。我们走在断桥上，脚下的冰雪嘎吱作响。另一个让我们印象深刻的是杭州菜偏甜，我吃不惯。我们在杭州待了一天就回到上海，没作停留，当夜乘火车北返，回到成武。

一九七五年元旦前后，一天下夜班吃过早餐后，我去县新华书店买书。那天刚刚下过雪，扫过的雪堆放在大道旁。走到邮电局的东面，我遇到了丝织厂的工会主席，他看到我就对我说：“杨大夫，你有时间吗？我们厂的一名职工发烧了，你能看看吗？”我说“行，正好今天我休息”，接着就随他走进了一条巷子里。这里是丝织厂的宿舍，患者是一位姑娘。我伸手一摸，感觉她的额头很热，拿体温表一测，体温已经高达 40℃了。外面天气很冷，还飘着雪花，也没有车送她去医院，我马上给她开出了药方，让他们去医院照方拿药。二十分钟左右，药拿来了。我马上给她注射了退烧针、输上了液体，到中午十二点，她的体温终于正常了。

两天后，身体恢复的姑娘张爱英带着几位伙伴到医院向我表示感谢，这时我才真正看清了她（那天房间内灯光昏暗）——芳龄十七八，一米六八的个头，梳着一个大辫子，看上去青春又阳光。后来她经常来医院找我，一来二去我们就熟了，再后来我们各自讲了自己的家庭情况，她也带我见了她的母亲、父亲和外祖母。爱英的父亲是位参加过抗日战争、解放战争和抗美援朝战争的老革命，时任水利局局长。爱英的母亲在县人民银行当会计，外祖母在家帮忙照看八个孩子。

休息时，我常到爱英的家陪她父亲吃饭、下棋，会帮她们家里拉水，还会陪他们的家人去看电影——那时，我手里拉着五岁的小弟继成（张意军），肩上背着两岁的小娟（张爱玲），一家人其乐融融。半年后，我请成武县人民武装部部长陈景一和县计划委员会主任徐成文做媒，和爱英的父亲喝了一场酒，算是定下了婚约，择日完婚。

一九七五年六月，我和爱英在成武城关民政所办理了结婚登记，正式领了结婚证。当时我给民政所的工作人员和我们医院的职工发了喜糖，通知大家我结婚了，待办婚礼。我写信告知单县老家的父母，说婚姻大事定了，父亲母亲都非常高兴。父亲专门从单县给我们送来了新的被褥，还和岳父岳母见了面。

领证后，我觉得爱英在工厂工作，上升空间有限，我将她的工作关系、档案从工业局调到成武县卫生局，于是爱英正式成了卫生系统的一名工作人员。年轻，可

杨依祥、张爱英结婚照片

塑性强，干什么工作都可以，就是学习吧！

不久，我向卫生局领导申请离开县城。一九七五年九月，我和爱英拿着调令去成武县孙寺医院报到，我分配到内科工作，爱英主要是护理工作，有时也去妇产科给杨佳凤和孙培荣两名医师帮忙。我们报到的第二天晚上，在张怀春院长和段会计（黄岗镇老乡）的关照下，我们举办了一场简单的婚礼，按照礼仪，我们向毛主席像三鞠躬，向来宾鞠躬，然后夫妻对拜，大家吃喜糖。

当时孙寺医院业务力量很强，内科有孙继娥大夫、宋凤田大夫、智庆余大夫和我，外科是孙化大夫，妇产科是杨佳凤大夫、孙培荣大夫。药房是宋和、毕素真夫妇。

一九七六年十月中旬，因白浮医院缺X光医师，故卫生局调我们到白浮医院工作。我们在白浮医院安了家，两间屋，分内外间。这里的院长是退伍干部邱龙丰，他和我岳父是朋友，因此很关照我们。我被分配到内科兼任X光医师，爱英到妇产科工作、学习。

当时的白浮医院内科医师有安大夫、王子荣大夫、张承明大夫、杨红星大夫和我，中医科有李留根大夫、姜玉行大夫、王建华大夫。一九七七年至一九八〇年，我内科工作开展得很好，赢得了当地群众的好评，锦旗挂满了医生办公室，这一来得益于上学时内科基础打得牢，处理危重病人方法得当；二来得益于邱龙丰院长的支持和信任。他是我人生中的第一位知己，我们无话不谈，配合默契，为了工作都不怕困难、奋勇向前。我仍记得，白浮三官庙一名十四岁少女患急性流脑，来到医院时，病人已处于半昏迷状态，高热，四肢和躯干有多处点斑状出血点，腰穿确诊后，我立即采用氯霉素一次疗法，降颅压、补液、镇静等一系列措施综合处理后，病人病情逐渐好转，最后治愈出院。

来白浮医院后，爱英在妇产科工作，师从妇产科医师刘敬奇大夫。如果有机会，我想让她到县医院妇产科学习，希望她将来能成为一名妇科医生。

一九七六年十一月三十日凌晨四点，北风呼啸，雪花飞舞，爱英要生孩子了，我在内室用干柴燃了一盆火。刘敬奇大夫给爱英接生，最后爱英顺产一男婴，大家都很高兴，我当即给儿子起名“杨森”。我希望他长大能成才，为国家作贡献。得到喜讯，我二弟依忠从单县老家送来了很多鸡蛋、小米、红糖等，爱英年逾七十的外祖母也来了。

一九七八年，杨森一岁时，爱英给他断了奶，并前往成武县医院妇产科学习。她基础不好，我已辅导她系统学习了解剖学、药物学等，她也已会做一些护理工作，这次就是进一步学习临床知识，以求成为一名合格的妇产科医生。我特别交代妇科的徐主任，让她帮忙关照爱英，县医院皮肤科的王绪民医生也没少帮忙。两年后，爱英成功了，她学会了常见妇科疾病诊疗知识和接生技术，一九八〇年她去田集县分院工作时，已担任妇产科医师并开始带徒弟了。我相信世界上的一切技术都是学而知之，这一切都离不开敢想、敢干，离不开自

左起：杨　森、杨依祥

左起：杨　静、杨　森

己的刻苦学习，离不开他人的帮助、支持，人人都有梦想，只要努力，梦可成真。

一九七九年七月二十日下午，我的女儿出生了，我给她起名“杨静”，她的到来给我们带来了更多的欢乐。我们下决心要培养好子女，让他们接受高等教育，未来自食其力。

一九八〇年春天，县卫生局调我和爱英去田集医院工作。我在田集医院专职放射科工作，并带了一名徒弟于爱群；爱英则任妇产科医师，也带了一名年轻医师。

田集医院是成武县乡镇一级最大的医院，号称“成武县医院第一分院”。X光室、心电图室、B超室、手术室等设施齐全，内科、外科、妇科、五官科、骨科、中医科、疼痛科诸科齐备。其中付秀云大夫的中医接骨技术远近闻名，单骨科住院病人就有五十人左右，加上内科、外科、妇科，全院住院病人约一百二十人。

前排左起：杨　森、杨　静、张意军
中排：王秀荣
后排左起：张爱英、杨依祥

一九八一年春天，我的同学单县卫生局政工科科员刘广幸因我们的老师董清蕊患病需要拍片，故来找我借胶片，吃饭时提到可以让我回原籍单县工作，我正有此意。几天后，我向成武县卫生局提出调回原籍的申请，获批并办好一切手续后，一九八一年三月，我用一辆汽车搬了家，车的后面还跟着我的大黄狗，这就是我成武八年的收获，我由孤身一人变成了携家带口的幸福之人。

五、单县基层医院工作

一九八一年春天，在成武县工作八年后，我调回单县工作。第一站是曹庄医院，我在这里重新安了家，房子在医院最后一排西端，和药库相邻。曹庄医院的院长是军转干部李田孝，副院长是长我几岁的黄福德。黄院长是黄岗医院著名中医陶大夫的徒弟，而我和陶大夫的儿子陶兴民、陶兴顺是同学，故黄福德院长很快成为我的好友。我是专职内科医生，科内还有侯再荣大夫、孔祥珍大夫、丁继同大夫，外科医生是苏成道大夫，X光医生是张新荣大夫，妇科医师是霍秀兰大夫和爱英，护士是赵玉兰、庞传英，化验员是王启霞，药房医师是赵学祥，防疫员是黄秋龙、侯佩民、刘杰，会计是李双举。

曹庄医院距邓窑十五里，隔一个浮岗水库。那时水库里没有水，种的都是庄稼。我骑一辆自行车（二六自行车），前面带着俩孩子，后面坐着夫人，带着大黄狗一路前行，目及之处是一望无际的青纱帐、麦浪滚滚的小麦田、金黄色的麦穗、醉红了的高粱，翻过屹立在浮龙湖南岸的河堤就到家了。

老医师侯再荣是一名军医，我小时候常见他和我村的崔子广、陶吉荣、崔同领一同给病人看病，能和他一起工作，我感到特别荣幸，我们经常在一起抢救危重病人，合作得很好。

一九八二年冬天，单县卫生局调我们夫妇去高老家医院工作。我仍任内科医师，爱英任妇产科医师。这家医院的院长是营职的军转干部李培芝，医生有张平西大夫、杨公文大夫，还有王培新大夫、刘瑞华大夫、侯登法大夫等。侯登法副院长和我关系较好，他长我几岁，很照顾我，还让他儿子认我为干爸。

一九八三年夏天，爱英到单县中心医院妇产科进修，我们把两个孩子送回邓窑村上学，这是我的一双儿女在祖父母家生活的唯一一年，虽然远离父母，但锻炼了他们。这一年我也很少正常上班，经常在河南商丘、开封、郑州、新郑、许昌、郏县、禹州、平顶山、新乡、辉县、淇县、华县、安阳等地出差。

一九八四年冬天，我被调到单县张集医院工作，任内科医生兼 X 光医生，爱英在单县中心医院的进修也已经结束，任张集医院妇产科主任。在单县中心医院进修一年，爱英业务十分熟练，已成为享誉四方八镇的妇产科医生。

当时张集医院的院长是陈进修，副院长是赵显舜，会计是孙立章，外科医生是吴吉清大夫，内科医生是王

郑州留念

左起：杨依祥、张爱英

兰芳大夫、郑宪德大夫、赵希民大夫，中医医生是吴老先生。我与陈进修院长志同道合，他马上介绍我入党，于是一九八六年，我光荣加入了中国共产党。

张集医院地处单县东北，与金乡、丰县相邻，距城四十五里。当时的交通不便，故内科的急危重病人均是在本地医院处理，如患有肝炎、肝硬化、慢性肺气肿、

左起：孙克安、陈进修、杨依祥、岳喜成

左起：杨依祥、李振远

肺心病、冠心病、心绞痛、肾病、糖尿病、胃病、肠炎、溃疡、结肠炎等疾病的病人，我们治疗了很多。特别是抢救有机磷中毒的病人，我们的抢救成功率在百分之九十八以上。我在泰安医学院附属医院泰安市中心医院心内科进修半年，在山东省立医院心内科进修一年后，我们医院的内科诊疗水平又提高了一个层次。

那时，医院的护士有秦巧云、闫荣英、李华、李玉莲、田福荣等。陈进修院长和赵显舜副院长先后调走后，孙立章任院长，李振远任副院长兼会计，我和他们关系都很好。还有孙克安、谢作亭、王彦群、周启胜、谢德法、吴吉久，盛衍锡、朱坤景、张学贵、黄景宪、王迪超、张啟领等都是我的好朋友。

一九九〇年二月，我去泰安市中心医院心内科学习，这里有好友邵子宽，他是单县张集乡人，时任泰安市文物管理处处长。在泰安，我多次受子宽哥之邀登上泰山，傍晚漫步在泰山脚下，松涛、溪水、鸟鸣、花草，一切都让我流连忘返。

一九九〇年八月中旬，我通过考核进入山东省立医院心内科进修。这里是山东省最高级别医院的重点科室，科室主任是邵建华教授，副主任是杨国军大夫，主治大夫是刘同宝大夫，医师是王建春、宫建利、呼吸科一级教授陶中伟的研究生李怀臣，还有青岛等各县市的住院大夫八人。我们每天白天和主任一起查房，抢救危重病人，夜班则要独立抢救病人，夜间有问题就和宫建

泰山留念

泰安留念

左起：邵子宽、杨依祥

济南留念

利大夫、刘同宝大夫协商处理意见。当时科内擅长治疗各种心衰、心律失常、心肌梗死等疾病，尿激酶溶栓是科研实践项目。那时我还利用周日休息时间，参加消化内科、神经内科、呼吸内科、血液病区的查房，向各位专家学习，了解大内科每一种危重病人的抢救方法。呼吸科主任陶中伟教授给我留下了深刻的印象，刘同宝、

济南留念

李怀臣、王建春、李春贤也都成了挚友。省立医院的进修学习使我的内科诊疗水平得到了很大提升，让我终身受益。

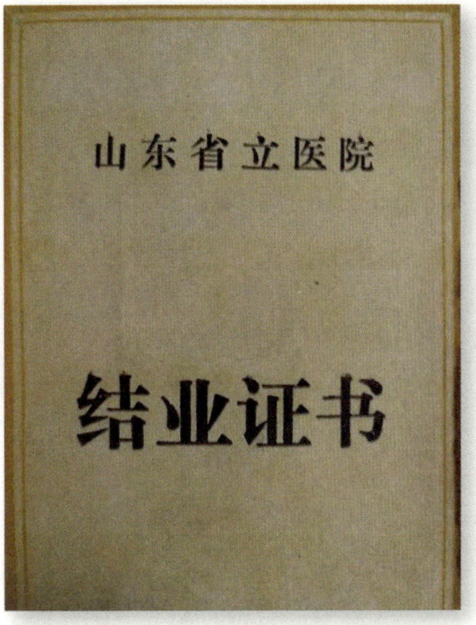

一九九五年九月，在卫生局局长李福德的提名和推荐下，我前往单县陈蛮庄卫生院就任院长。

六、三年院长生涯

一九九五年，我家中出了三件大喜事：一是儿子杨森考取了北京印刷学院出版系，我在张集医院举办了升学宴，高朋满座，大家都认为儿子前途不可限量。几天后，我和二哥李振远一起送儿子去北

左起：杨依祥、李振远

杨　森

左起：杨依祥、杨　森

京上学；二是八月中旬，我用八万元在单县老党校东北角买了一幢带院子的二层小楼，拎包可住，水电齐全，算是在城里有家了；三就是九月中旬，卫生局任命我去陈蛮庄卫生院当院长。人至中年的我事业才刚刚起步，为了家庭、儿女，我仍须努力奋斗。

我在单县的这幢小楼坐落在护城河的水域内，房前屋后都是水，长着茂盛的芦苇和蒲草，还有片片荷塘。

院门很大，可以让我的第一部小轿车苏联产“伏尔加”直接停进院内。院子靠西墙有一个二十平方米的小花园，月季花的芳香沁人心脾，一棵石榴树到秋天会挂满红彤彤的石榴。我在东厢房餐厅内宴请宾客，一个电话就可以送饭菜到家，十分方便。我和好友经常聚在一起唱歌跳舞，邻里们也很和睦。

前排左起：张爱英、杨依祥
后排左起：杨　静、杨　森

左起：杨　森、梁景瑞、李　滢、张爱英、杨依祥、梁　彧

陈蛮庄卫生院位于县城东北二十里，是一个新乡镇，共有医生、护士三十六人。医院经营不善，收入不多，常拖欠职工工资，导致人心涣散。

我上任后首先整顿领导班子；然后集资十多万元建立陈蛮庄、李田楼两处药库，并亲自去商丘进药，分拨到辖区内的陈蛮庄、李田楼两个乡镇卫生室；再紧抓医院各临床科室的业务管理，打破大锅饭，实行责任到人、多劳多得的新管理制度。

当时的乡党委书记是我同学张秀梅的丈夫刘清先，他小我两岁，精力充沛，业务水平高。我们一见如故，他第一次见我就鼓励我大胆工作，让我有困难就找他，他说我“不鸣则已，一鸣惊人”，相信我能够把医院工作领导好。乡长则是我的同学段秀玲的丈夫张庆忍。他们二人从乡村合作医疗费中给我们拨款八万元，解了医院的燃眉之急。还有派出所所长齐潘龙——菏泽纪委书记齐潘扬的堂弟（齐潘扬是我同学齐桂英的哥哥）——

给我们保驾护航。我们和赵保来副乡长、工商所所长、税务所所长、教育组组长组成了一个团队，一家有事大家帮忙，乡内的事无所不能。

以前李田楼乡的南部卫生室属龙王庙乡管理，乡党委书记是我中学时代的同学黄玉楼，在他的支持下，我们通过卫生局把李田楼卫生室的行政管理权接管过来，这样就形成了从北向南五十里、从西向东二十里区域内的卫生工作一体化格局。所有工作都统一到医院管理，特别是各卫生室药品统一供应，这改变了医院的经济状况。一九九七年年初，医院就付清了职工的拖欠工资，账面流动资金达数十万元，医院整体工作得到乡镇领导和县卫生局的好评，医院也一跃成为单县卫生系统“乡村卫生工作一体化”先进单位。

说实话，一个乡镇卫生院的院长可不好当，什么事情都要亲力亲为，比如整顿卫生室，让其服从医院的管理；统一进药，压低进价、保证营收的同时，保障药品

左起：王春生、杨依祥、陈　军

左起：吴永清、杨依祥

质量；检查卫生室工作；去卫生局开会……我几乎没有星期天，除了开会就是上班，这样的苦和乐伴随了我三年。慢慢地，我开始思索这样拼命干到底为了什么？

我的班子是团结的，两位副院长赵来彬、曹绪根都是做过医院“一把手”的人，有经验、明事理，我说什么他们都支持。还有会计吴永清，不满三十岁的小伙子，精明能干，执行力强，是我的好帮手。王永生是我在李田楼诊所药库的代理人，他精明强干，是我的另一个得力助手。

在任的三年里，卫生局的朋友，如张方元、张道宪、陈广亭、赵作健、朱坤岭、孟烨等，经常到我家里做客。还有单县东北片的几位院长，如张集医院院长孙立章、李振远，曹马医院院长杨绪钦，终兴医院院长朱伯敏，人民医院院长李冰化等，大家经常借在县卫生局每月一次例会的机会到我家做客，大家交流医院工作心得，加深了感情。

我是一名内科医师，可整天忙于管理医院，我的业务水平一直得不到提升。我不愿这样下去，故三次给卫生局递交了辞职报告，最后李福德局长尊重我的意愿将我调到单县人民医院工作。

七、单县人民医院工作

一九九八年九月，我辞去陈蛮庄医院院长职务，调到单县人民医院就任内科主任。

单县人民医院有职工五百多人，科室配备齐全，是医疗设备先进的综合二级甲等医院、科级单位。

我们内科有工作人员三十二人，医生十四人，副主任医师三人，主治医师四人，住院医师七人，护士长、副护士长、护士共十八人。科室管理病床五十张，分心内、呼吸、消化、神经内科四个小组，各组组长均由主治医师担任，科主任每周一、三、五大查房，各组新收

左起：刘宝玉、杨依祥

住院病人由主治医师指导住院医师处理，急危重病人请示主任医师、副主任医师后执行医嘱。

作为科主任，我有业务基础，所以在科内工作得心应手。我很快组建了一班人马，医生有吴斌大夫、王绪芹大夫、刘华春大夫、徐士新大夫、孙运兴大夫、郭巧美大夫、段乾绪大夫、陈强大夫、蔡依芹大夫等，护理部有护士长徐英兰、王凤、王翠芹等，内科门诊由几

左起：杨依祥、陈雪荣、梁建香、张翠兰、刘宝玉

位老同志把关——卜新芝大夫、郭巧美大夫、孙翠芳大夫、张玉华大夫。

经过整顿，科室在半年内有了很大改变，得到院领导和临床各科室的一致好评。一九九九年，科室被评为“先进科室”，我被评为“先进工作者”。

二〇〇〇年，我在医院各科室主任中结识了一帮兄弟。按年龄排序，我与马刚锋、肖启汉、张德领、周

左起：杨依祥、杨绪安、沈景雷、刘宝玉

英、朱佳本、赵中锋结为异姓兄弟。俗话说“兄弟同心”“有福同享，有难同当”。从此无论谁家有事，大家共同出力；谁家有病人，大家齐去探望。

二〇〇〇年七月，李冰化院长调任单县中医院院长，孙秀云升任县政协副主席，郭院长退休，卫生局任命何广印任院长，各科室领导也进行了调整，我和王怀法、徐同振兼任院长助理，张德领任业务院长。二〇〇三年，我和张德领、卜新芝由山东省人事厅批准升任副主任医师。

何广印院长是随李冰化院长一同从单县中心医院来人民医院的，他也是副主任医师，小我十岁，我和他关系很好。我任内科主任六年、医务科主任七年，我们并肩作战，同呼吸、共命运，为了人民医院的发展，可谓鞠躬尽瘁。特别是我任医务科主任期间，各科室主任均与

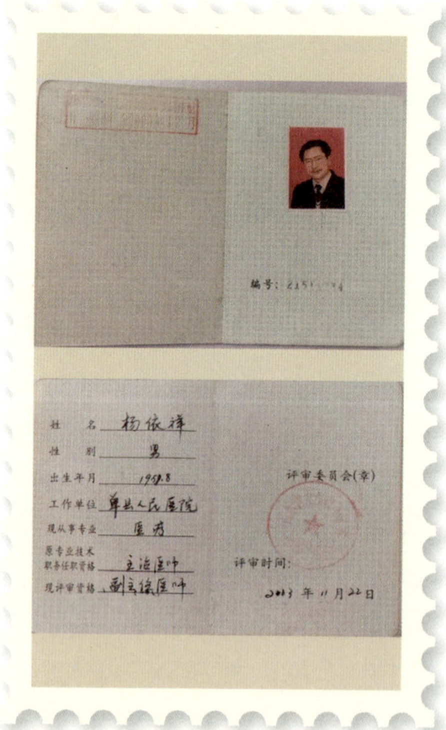

我配合默契，如外科主任朱才训、内科主任刘华春、妇

科主任程晓英、五官科主任王怀法、放射科主任朱佳本、疼痛科主任王倍欣等。

我于二〇一一年退休了。我的朋友退休后，有的开医院，有的办诊所，有的到医院坐诊，有的在家带孙子，有的上老年大学，有的在家种花养草，大家各得其乐，安度晚年。

而我退休后，仍在医疗战线上奋斗。我先后在中国人民解放军第四五五医院、河北燕达医院、中国人民解放军第三〇四医院、郑州大学第二附属医院、中国人民解放军第一八一医院、内蒙古鄂尔多斯市第三人民医院、湛江崇爱康复医院、无锡耘林康复医院工作。

第二章

老骥伏枥亦生辉

一、中国人民解放军第四五五医院

二〇一一年元旦过后，有朋友介绍我去中国人民解放军第四五五医院肝病中心工作。我在一月十日报到，第二天就开始到门诊上班了。

中国人民解放军第四五五医院（现名中国人民解放军海军特色医学中心）位于上海市长宁区，毗邻上海交通大学，是一所三级甲等医院。我作为内科副主任医师、肝病专家被安排到肝病中心门诊工作。

当时肝病患者都逃不开肝病的所谓“三步曲”——由急性肝炎到慢性肝炎，由慢性肝炎到肝硬化，由肝硬化到肝癌，直至死亡。因此，大家都对乙肝、丙肝谈虎色变。

当时我们对乙肝的治疗手段是：1. 采用抗核苷类似物（恩替卡韦）与干扰素抗病毒治疗；2. 抗氧化治疗，保肝抗炎；3. 抗纤维化治疗防止病情恶化；4. 调节免疫治疗，降低并发症的发生率，降低肝癌发生率，提高生存率。

医院环境好，伙食也好，宿舍设施齐全。周末或晚上，我或去中山公园跳舞，或去黄浦江边散步。因为毗邻上海交通大学，我晚上也经常到交大去散步，给我印象最深的是上海交通大学百年校庆里程碑，碑文为交大校友、时任中共中央总书记、中国国家主席、中央军委主席的江泽民所书。

在上海，我还常去外滩、南京路、豫园、宋庆龄公园（万人公墓）、人民公园、外白渡桥、长征医院、静安寺……

休息时，我曾驾车去周庄参观，小桥流水人家的江

上海留念

南风光令人流连忘返。周庄古镇中的顾炎武故居尤其令我难忘，顾炎武先生“天下兴亡、匹夫有责”的家国情怀，“仁以为己任”的天地大爱，“博学于文，行己有耻”的为学宗旨，激励着无数中华儿女。

我一九六七年元月首次来上海，毕业后多次来沪，五十年后又在这里工作，这里的一切对我而言都是熟悉和亲切的。在这里，单县东大医院的陈强主任、朱启刚主任曾与我相聚，大家一起畅谈人生。这里还有几位我无法忘记的好友袁明、王凤妹等。

二、河北燕达医院、中国人民解放军三〇四医院

二〇一一年十月中旬，我受邀前往河北燕达医院肿瘤科任肿瘤科主任。

河北燕达医院是一家规模很大的私立医院，医院设备先进、设施完善，拥有世界先进的大型医疗检查及手术设备，各科室配置齐全。肿瘤科共有医护人员二十八人，接收各类肿瘤病人，负责术后的化疗、放疗、生物治疗。特别擅长干细胞疗法和介入治疗。

河北燕达医院留念

医院离家有点远，于是我在二〇一二年八月离开河北燕达医院，回到北京工作。

二〇一二年九月中旬，我受聘于中国人民解放军三〇四医院生物治疗中心。

中国人民解放军三〇四医院创建于一九五四年，是

中国人民解放军总医院第一附属医院、综合三级甲等医院，每日来院看病的病人很多，烧伤外科诊疗技术居全军首位。我所在的科室擅长以生物治疗和肝动脉灌注干细胞治疗肝硬化和肝肿瘤病人。

我们科有我和刘坤玉主任两位专家，每人每天接诊十至十五名病人，每日入院病人五至八人。

当时我住在离医院不远的一栋楼房里，平时乘公交车上下班。下班后常和同事散步，周末开车回家与外孙女、女儿、夫人逛逛公园、看看电影。当时老家的同学杨依梅、陶吉真还到医院找过我，单县东大医院的朱启刚、闫小勇两位专家也曾来医院参观。这一切都成为美好的人生回忆。

北京是中国的政治、文化中心，有数千年的文明

左起：孙　建、杨依祥

左起：张爱英、杨依祥

史，长城、八达岭、天坛、故宫、天安门、人民英雄纪念碑、毛主席纪念堂、前门、人民大会堂、颐和园、北海、中心公园、国家大剧院、北京站、北京西站、首都机场、大兴国际机场、中关村、国贸都给我留下了深刻的印象。北京是我的第二故乡，我在这里已经生活了十四年。

左起：张爱英、陶兴民、杨依祥、陶　然、杨依明

三、郑州大学第二附属医院

二〇一二年七月中旬，我受聘到郑州大学第二附属医院肿瘤科生物治疗中心工作，该中心主要为接受干细胞治疗的肿瘤病人服务。

我住在离医院不远的一家公馆，这里距离二七纪念塔很近，由于是市中心，人流量特别大，一家家店铺的叫卖声不绝于耳。想想几十年前来郑州，我还是一个青年，现在却已经退休，花甲之年故地重游，感慨良多。

七月底，我和李安教授应邀参加在大连召开的全国肿瘤学术交流大会。大会上，我听取了来自北京、上海、武汉等地专家关于干细胞治疗肿瘤的心得体会，有的专家还就技术问题做了现场解答。

会后，我们跟着向导参观、游览。首先参观了海底世界，接着驱车来到一片海滩，一块石碑上刻着“棒棰岛”三个大字，这是毛泽东主席来大连时写下的，我们在此留了影。身后不远就是一望无际的大海，我们几人漫步在海边，不时拣起小石块投向深蓝色的大海，海鸥的鸣叫让人心醉……用完晚餐后，我们在另一处海滩漫步，然后要了一张桌子摆在沙滩上，悠闲地喝起了啤酒。夜空繁星点点，海风迎面吹来，海浪一排排涌向海滩，我们感到非常惬意。

回到郑州后，我又全身心投入紧张的工作中。

一个星期天，公司的几个年轻人约我一起去嵩山少林寺。少林寺位于河南省郑州市登封市，始建于北魏太和十九年（公元四九五年），占地面积约五万七千六百平方米。少林寺不仅是禅宗的发祥地，还是中国功夫的发祥地，被誉为“天下第一名刹”，素有“天下功夫出少林，少林功夫甲天下”之说，是世界文化遗产、全国重点文物保护单位、国家AAAAA级旅游景区。我们一起参观了少林寺、塔林，塔林的碑文、书法让我赞叹不已。达摩祖师洞在很高的山上，我因太累上至中间而折返。

又一个周末，小刘开车载我们来到六朝古都开封。二十世纪八十年代，我曾数次来过这里，改革开放的春风让开封有了翻天覆地的变化，天波杨府、包公祠都是新建的。我们首先去相国寺转了一圈，故地重游，我感觉特别亲切，特别是弥勒佛仍坐在那里向每一个人微笑。之后，我们去了天波杨府。

开封府曾是北宋首都，是整个北宋政治和文化的中心。宋与辽连年征战，杨家将就是当时保家卫国的英雄，杨家满门忠烈，世人敬仰，天波杨府的重建意义也在于此。我们来到这里，陆续参观了展览馆、演武厅，杨家将北伐展……作为杨氏后人，我受到很大教育，先祖们的忠贞爱国之情怀让我叹服。

开封留念

又一个星期天的上午，司机小刘陪我来到十三朝古都洛阳。

我们首先游览了千年古寺白马寺。白马寺始建于东汉永平十一年（公元六十八年），是佛教传入中国后修建的第一座官办寺院，它对中国佛教的传播起到了很大作用。白马寺有五重大殿，有佛像和法事场，还有镇寺之宝——元代夹纻干漆造像。白马寺对中外文化交流有着重要的意义，被中华人民共和国国务院公布为第一批全国重点文物保护单位。

接着，我们来到位于城南的龙门石窟。它始建于公元四百九十三年，现存两千三百四十五座佛龛、十万余尊造像、两千八百余块碑刻题记，是世界上造像最多、规模最大的石刻艺术宝库，被联合国教科文组织评为“中国石刻艺术的最高峰”，位居中国各大石窟之首。

四、中国人民解放军第一八一医院

中国人民解放军第一八一医院坐落在桂林象鼻山下、漓江之滨，组建于一九四六年，经过七十多年的建设发展，现已成为一所集医疗、教学、科研、预防、康复、保健于一体的现代化综合性三级甲等医院。

当时中国人民解放军第一八一医院和北京某医疗集团联合组建了肝病治疗中心，我受邀于二〇一三年八月来到这里工作。当时病区病人的管理由医院负责，门诊由集团派遣的医务人员负责。我们团队是一个福建人负责管理，另有两名后勤人员和我们四位专家，七八个人管理着肝病中心。

八月中秋到来了，我们每人有两天假，我决定乘船游览漓江。那天，我在上午八时登上了一艘机动帆船。帆船按船号陆续驶出码头，行驶在清清的漓江中，两岸青山环绕，美丽的景色让人流连忘返。十时许，游船开始供应午餐，我要了四菜一汤、两瓶啤酒，饭菜味道很好，清蒸漓江鱼格外鲜美。十二时左右就到了阳朔，我们上岸去了西街和刘三姐剧组拍摄地，看了侗族山寨，寨中那棵特别大的榕树让我印象深刻。

中秋节后的一个周末，同事约我攀爬象鼻山，象鼻山不高，但上山的路很窄、很陡。我们上午五时出发，一鼓作气用了三十分钟爬上山顶。此时刚刚破晓，万丈霞光映红江面，让人心旷神怡。

转眼国庆节到来了，我买了前往柳州的火车票，在柳州吃了一顿饭后，又乘火车前往张家界。我和伙伴到的第一站是金鞭溪和十里长廊，这里山清水秀，两座大山夹着一条大河和一条公路，我们尽情感受着大自然的壮美。第二站是张家界国家森林公园里的黄石寨、杨家界、袁家界，看山峰，观云海，张家界的山是美的，美得独一无二。

转眼间，冬天来了，在一个周末我乘高铁由桂林北赴湖南长沙。上午九时许，我乘上了从长沙前往湘潭、韶山的大巴。三十分钟后，我到了刘少奇同志的故居。参观了故居和展览馆后，又上车行驶四十公里到达韶山，我怀着激动的心情抵达了毛泽东故居。我先去剧场看了讲述毛泽东主席一生光辉事迹的专场电影，然后又去了毛泽东主席1966年回韶山居住的地方，参观了“天然石画”“杜鹃春晓”“奔龙泉池”“龙亭览胜”“梨花伴月”等自然景观和毛泽东主席居住过的一号楼、游过泳的韶山水库、毛泽东主席祖父墓、名人留言石刻等人文景观。随后我们又驱车来到毛泽东纪念广场，在主席像前鞠躬致敬!

我们“50后”是生在新中国，长在红旗下的一代，我们始终坚信共产党的正确领导，永远缅怀我们伟大的领袖。

五、内蒙古鄂尔多斯市第三人民医院

二〇一五年九月上旬，我受邀前往内蒙古鄂尔多斯市第三人民医院工作。儿子杨森和他的朋友王毅开车送我，第一天晚上住在了呼和浩特市，第二天开车西行，途经包头，转南去往响沙湾，并于中午到达鄂尔多斯市第三人民医院。

当时，鄂尔多斯市第三人民医院融资上亿元，打算改建成肿瘤医院，医院设施完善，医疗器械都是最先进的，唯一不足的是医师资源。

呼和浩特留念

一开始的设想是由我、杨家启、李杞松三位大夫先建立起肿瘤内科，开展化疗、放疗、介入治疗、生物治疗等，再进一步开展肿瘤手术。我来了三周后，杨家启大夫来了，李杞松大夫却因身体原因没能就位。

于是，根据实际情况，首先建立了肿瘤科，我任科主任，杨家启大夫任副主任，护士长、护士也都到位。由于新科室没有病人，我多数时间都是去内科门诊上

左起：罗喜全、杨依祥

鄂尔多斯留念

班，偶尔还会去义诊，杨家启大夫则多到体检科帮忙。

业务开展不顺利，但业余生活很丰富，我开着车和杨家启大夫一起到各地游览、参观，其中，成吉思汗陵的宏伟、博大，让我叹服。让我记忆犹新的还有医院院内的蔬菜大棚，大棚里西红柿、黄瓜、豆角、茄子、辣椒等农作物应有尽有，这些蔬菜搭配牛羊肉制作的美味佳肴，让人回味无穷。

因为种种原因，肿瘤科始终未能建成，各位大夫相继离院，我也于二〇一五年年底返回北京。

六、湛江崇爱康复医院

二〇二〇年九月，应郑新总经理邀请，我乘飞机赴广东湛江崇爱康复医院工作。这是个与广东医科大学附属医院神经内科合作开办的康复医院，医院分两个病区，一病区为康复病房，二病区为综合病房。我参与了两个病区的查房，主要负责患有心血管疾病的病人，此外还在内科专家门诊坐诊。

一个周日，我和 CT 室于德伦主任同去湖光岩旅游，我们沿湖的北岸走了半天，湖光山色，草木葱茏，碑刻众多，苏东坡游湖光岩的故事好像就发生在昨天。

左起：罗喜全、杨志国、杨依祥、郑　新

我和于德伦主任漫步在湖光岩的观海长廊上，奔跑着，呼喊着，椰影婆娑，花草繁盛，波涛拍岸，游人如织……

十一月下旬，我被任命为内三病区主任。我加上住院医师四人、护士长一人、护士六人，全科共计十二人，管理四十张病床，我负责周一到周五的查房。护士长赵雪贞是河南濮阳人，原为市立医院内科护士长，她业务熟练，与我配合默契。

十二月下旬，我乘火车由湛江东行，十四时到达广州南站，乘公交车至市区与陶然、杨家启、韩瑞玲

左起：杨依祥、于德伦

中英街留念

会面。

第二天，我便开始了前往珠江、中山、深圳的旅程。我还专程在中英街上购了物、留了影。

第三天，我跟着旅行团乘小火轮参观港珠澳大桥，当时桥上还未通车，小火轮从桥下穿过。那天天气很好，无风也无浪，船上还举办了歌曲联唱，大家纵情高

湛江留念

歌、尽情拍照。下了船，我们前往深圳平安大厦俯瞰深圳全貌。平安大厦高五百九十九米，远在罗湖也可以看到它雄伟的身姿。站在大厦向下看去，深圳既干净又整洁，插遍全城的国旗为深圳增添了一抹亮色。之后，我们还参观了中山市的孙中山故居，游览了珠江。

第四天，老同学瑞玲带我在广州市区转了转，重点游览了黄埔军校。军校的大门保留着原貌，白底黑字的“陆军军官学校”横匾庄严肃穆。

一九二四年由孙中山先生创办的黄埔军校，被誉为“中国将帅的摇篮”，培养了大批杰出的军事人才。徐向前、聂荣臻、叶剑英等众多名将都曾在这里学习、成长。他们的名字如璀璨的星辰，闪耀在中国近代史的天空。

湛江留念

第五日中午，陶然教授为我设宴送行，他拿出存放多年的好酒，大家共同举杯，为异乡的相会而干杯！下午四时，我乘火车返回湛江。

十二月三十日，我从湛江乘飞机去往海南，在海口美兰国际机场落地后，改乘环岛高铁到达博鳌，黄国君总经理派人迎接了我。

黄国君是我在中美医院时的好朋友，他创建肿瘤医院时我是特邀病区主任，现在他在海南博鳌创建了干细胞医院。当天晚上，我参加了他们医院的文艺晚会，我现场挥毫泼墨并将墨宝赠予黄总，并跳舞一曲以助兴。晚会结束后，大家到海边聚餐，举杯同贺元旦。虽然是冬天，但海南一点也不冷，阵阵海浪之声让人心醉。

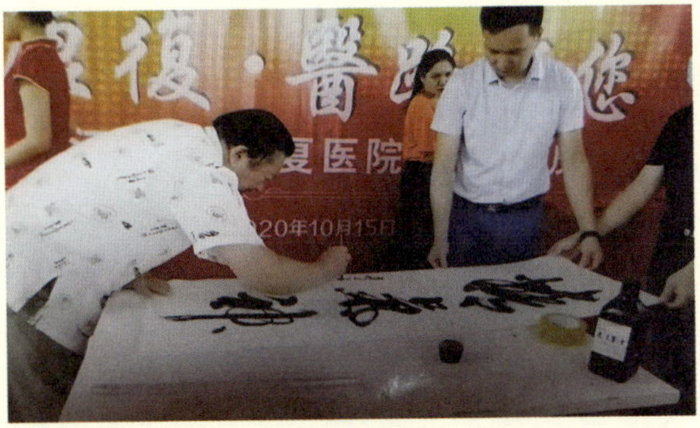

现场挥毫

书法展示

第二天一大早，我便去沙滩上散步，朝阳从东方冉冉升起，海浪一排排地涌向沙滩。远眺一望无际的大海，我被这里的一切深深感动，海南真的很美！

三天后，我告别黄总，从海口飞抵湛江。

七、无锡耘林康复医院

二〇二二年二月十七日，我在北京刚过完元宵节，以前在中国人民解放军总医院任职的陶然教授邀请我去郑州中医肿瘤医院工作，儿子杨森开车送我前往郑州新郑。下午四时许，我们抵达新郑，杨家启、高大申热情接待了我们。这家医院规模很大，病区大楼和门诊楼是一体的，院内种满了松树、冬青等植物，东边是长排群楼，南边是CT室和放疗科室。

左起：杨家启、陶　然、杨依祥

第三天上午八时，我和杨家启主任共同开展科内查房工作，他和我共同管理病人，为高血压患者、糖尿病患者、高尿酸症患者以及肿瘤患者展开治疗工作。这里的工作人员分工明确，周美群是总监、李赫负责营销，高大申协助陶然院长配制中药。

左起：周美群、孙桂香、陶　然、张克平、杨依祥

后因业务需要，医院安排杨家启支援无锡耘林康复医院。三月二日，我也赶往无锡耘林康复医院支援。在这里，我见到了杨家启主任、孙桂香主任、马进媛助理。这家医院的病房在五楼，有四十张床位，第一批接诊了二十名病人，住院十天，带药一周，二十一天复诊。第二批病人则于三月十六日开始接诊，我被任命为科主任，杨家启主任则返回郑州工作。

梅园留念

无锡给我印象最为深刻的是太湖。太湖是中国第三大淡水湖，湖中岛屿众多，大小岛屿共四十八个，连同沿湖的山峰、半岛，构成了“山外有山，湖中有湖”的天然画卷。它们或山水交融，展现百姿千态；或碧草繁花，掩映小桥人家；或清纯瑰丽，诉说天下奇异；或端庄典雅，透出浓浓诗情。行走于鼋头渚，别有一番情趣。太湖之美，还在夕照。万顷柔波之上，一轮血红的残阳，徐徐从地平线上落下，天地间瞬时绚烂起来。那些金黄色的光柔和地映在湖面上，那样雄奇，又那样瑰丽。太湖就是如此美丽的地方，虽然没有西湖精致、优雅，却有着独特的魅力。

二〇二二年九月二十八日，我乘高铁返回北京，结束了无锡从医之旅。

第三章 天南地北任我游

一、泉城济南留念

一九九二年五一节，夫人张爱英带着在单县一中读高中的儿子杨森和读初中的女儿杨静来济南看我。我带他们去英雄山参观革命烈士陵园，去千佛山感受佛教文化，去趵突泉观“天下第一泉”，去大明湖看荷花、登摩天轮，去济南动物园看东北虎、金钱豹、长颈鹿，参观黄河大桥。在大明湖的北大门，我们巧遇张集医院的王秀芝、王迪超夫妇，于是一起合影留念。当时我买了一个日产照相机，在“三面荷花四面柳，一城山色半城湖”的济南留下了很多珍贵的照片。

左起：张爱英、杨依祥

二、内蒙古自治区希拉穆仁草原旅游

二〇〇六年八月，我和夫人爱英、儿子杨森、儿媳梁彧同去内蒙古自治区旅游。当天我们从北京乘火车抵达呼和浩特市，第二天乘面包车前往位于内蒙古自治区达尔罕茂明安联合旗的希拉穆仁草原。一路上大家都很兴奋，导游给大家科普了草原的风土民情，还告诉我们，二十世纪六十年代的小学课本上有一篇课文《草原小姐妹》，文中龙梅和玉荣在暴风雪中保护羊群的故事，就发生在这个旗。

左起：杨依祥、张爱英

左起：杨　森、梁　彧

左起：杨　森、杨依祥

左起：杨依祥、张爱英、杨　森

面包车在辽阔的大草原上飞驰，下午二时许，导游告诉我们马上要抵达目的地了，让我们做好下车准备。我第一个下车，十几名蒙古族同胞列队欢迎我们，为首的人给我献上哈达，然后把一碗酒送到我手上。我用左手托起盛满美酒的碗，用右手无名指轻轻蘸取，先敬天空，以示敬畏；随后敬大地，表示对自然的感激；最后双手捧碗，一饮而尽。之后我们入住了早已准备好的蒙古包，蒙古包内有一张双人床，电视、电扇、电话、洗手间、淋浴间等也一应俱全。推门远眺，大草原一望无际，轻风拂面，草原在晚霞的映照下泛起金色的波浪，令人心旷神怡。

晚上七时许，暮色降临，我们走进了一个很大的蒙古包，里面放着几十张大圆桌，桌子上摆满了美味佳肴，主角是烤全羊，空气里弥漫着浓浓的肉香。导游首先向来自全国各地的贵宾表示欢迎，然后祝愿大家吃好、住好、玩好，接着他到各桌敬酒、献哈达，场面热烈又隆重。晚上九时许，大家吃饱喝足后，来到外面参加篝火晚会。舞台上精彩的文艺节目轮番上演，台下掌声、叫好声不断，观众们随时可以即兴上台表演，真是个快乐的夜晚。

第二天上午八时许，村民给大家展现了高超的骑术，先后上演了骑马竞速、马上特技、马上拾物等精彩表演，还举行了摔跤比赛。节目结束后，我们开始学骑马。我选了一匹白色的高头大马，儿子杨森选择了一匹灰色的马，大家上马拍照留念后，就在向导的指导下开始骑马，开始时有点紧张，慢慢地就不害怕了。中途休息时，我们还到路边的毡房内喝了一碗马奶酒解渴。

第三天我们乘车南返，途经包头，继续南行到达鄂尔多斯响沙湾旅游景区。

办完了手续，我们乘索道到达金沙滩，一下子就被一望无际的大沙漠震撼了。骆驼载着人在沙丘上移动，蔚为壮观，沙丘上还有摩托车车技表演、越野汽车车技表演。换上沙滩鞋，在向导的安排下，我们骑着大骆驼融入骆驼队。我们爬上一个又一个沙丘，参观了一个又一个沙土雕塑构成的景点，之后回到原点，合影留念。

第四天我们参观了鄂尔多斯羊绒衫厂和内蒙古蒙牛乳业（集团）有限公司，第五天乘火车从呼和浩特返回北京。

三、云南旅游

二〇〇九年九月，我和夫人爱英、女儿杨静、外孙女刘佳辉乘飞机从北京飞抵云南省昆明市。

第二天，我们前往著名风景区石林参观。这里怪石嶙峋，是典型的喀斯特地貌。一进入景区，首先映入眼帘的是苍劲有力的隶书“石林”。我们在山间的石缝和草坪上漫步，两岁多的佳辉不让背着、抱着，坚持自己走，像小精灵一样地爬石山、钻石缝，不一会儿就跑得满头大汗。

第二天在友人郭启华的陪同下，我们参观了云南民

左起：张爱英、刘佳辉、杨依祥

族博物馆和滇池。滇池是云南最大的淡水湖，有“高原明珠”之称。那天下着细雨，我们没有选择乘索道到对岸，而是选择在蒙蒙细雨中漫步于滇池的大堤上。这里的和平鸽特别多，它们喜欢与游人互动，一点食物就可以让它们站在手上或肩上。

第三天上午八时三十分，我们登上了飞往腾冲的飞机，飞行约一个小时，抵达了腾冲市。次日我们先游览了市区公园，公园像一座江南园林，里面还有一幢民国时期建立的书院。下午我和女儿杨静参观了滇西抗战纪念馆和国殇墓园。英雄们把热血洒在了这片土地上，把生命奉献给了伟大的中华民族，我们应该向他们致敬。

第五天，我和女儿去爬山。我们冒着雨坚持爬到了山顶，一睹腾冲的全貌。山顶的小庙里供奉着三国时期的名将关羽。

第六天，我们离开腾冲，乘车去往芒市，途中遇到山石塌方，堵车约一个小时后，方才继续前进。去往芒市的山路只有约十米宽，左边是山，右边是万丈深渊，金沙江从谷底向南流去，似一条长长的玉带。

第七天，我们乘专车前往瑞丽参观。这里到处都可以看到古老的建筑群，宽阔的澜沧江从这里向东流去。我们在瑞丽边防检查站外面参观、留念。

第八天，我们在昆明乘飞机返回北京。

四、邮轮之旅

二〇一四年六月十一日上午，我和夫人爱英、女儿杨静、外孙女刘佳辉、外孙刘士嘉从北京乘高铁赴上海。二十日上午十二时，我们登上了美国皇家加勒比邮轮公司的巨型邮轮，下午五时，邮轮离开上海港驶向茫茫大海。船上共有乘客三千四百七十五人，连同工作人员总计四千余人。

这次在海上航行一周，大部分时间都是在船上度过的。船上设有健身房、游泳池、高尔夫球场、舞厅、歌厅、剧院、电影院、溜冰场、茶庄、咖啡厅、游戏厅等。住宿是酒店式管理，一家一房间，分上下两层。吃饭的餐厅是自助模式，海鲜、牛排、甜点、面包、啤酒、红酒、饮料等足量供应。

第二天黎明，一轮红日从海平面升起，金色的光芒染红了静谧的海平面，海洋的辽阔让我们叹服。

第三天上午五时，我们抵达了日本的冲绳。我们先参观了尚氏王府旧址，王府建在一个山岗上，建筑为中式风格。接着我们参观了步行街，街道两旁的建筑大多为三至五层的楼房，服务员都是一口流利的中文，态度很热情。中午我们在一家餐厅用了午餐，我要了两个菜，喝了三杯日本清酒，感觉清酒的味道比中国的白酒清淡许多。

第五天，我们抵达了位于韩国最南端的济州岛。此岛常住人口约六十万，规模相当于中国的一个县级市，商场里的服务员也是一口流利的中文。

第七天上午七时，我们的邮轮抵达中国天津港，十时下船，十四时我们返回北京。

左起：杨依祥、张爱英

左起：刘佳辉、杨依祥

左起：杨依祥、船　长、
张爱英

前排左起：刘士嘉、刘佳辉
后排左起：杨依祥、杨　静、张爱英

五、烟花三月下扬州

唐朝大诗人李白在黄鹤楼送别好友孟浩然赴广陵时，作离别诗云：“故人西辞黄鹤楼，烟花三月下扬州。孤帆远影碧空尽，唯见长江天际流。”我曾数次出差路过扬州市却始终未曾前往。终于，二〇二三年四月二日，我专程乘高铁由北京前往扬州。

对许多人来说，扬州就像一个梦，一个被唐诗宋词装点得无比曼妙的梦，一个被传闻逸事渲染得如痴如醉的梦。“烟花三月下扬州”，迷蒙的烟雨、淡然的气息构成了扬州的美丽画卷。这个曾经名为“广陵”的地方，自古就笼罩在风流、浪漫的光环下，与人们保持着若即若离的关系。

在高铁上，我有幸结识了退伍军人徐广科大哥，我俩座位相邻，闲聊中得知他年长我一个月。徐大哥以前在扬州入伍，后在山东青岛工作二十多年后调入北京。此后，他定居北京，我也是退休后定居北京，故我俩很聊得来。徐大哥到站后让接他的车先送我到一舍客栈，并热情地给我推荐景点，让我十分感动。

入住一舍客栈后，在客栈老板娘的指点下，我来到了瘦西湖南门。下午四时，西斜的阳光映照着百花，我仿佛一路穿行于花的海洋，目之所及，美不胜收。过了两个套门后，看见几幢木质房屋，相传是乾隆皇帝六下江南的行宫。过河西行，便来到了瘦西湖著名的“二十四桥”，平静的水面、落日的余晖、水中的倒影与二十四桥构成了一幅美妙的画作。微风吹拂，柳枝依依，耳边时而传来似有似无的扬州小调，这一切都让人心醉……

晚八时许，我回到客栈，老板娘邀请我和一对夫妇到河对岸的饭店喝酒，我们相谈甚欢，一直聊到晚上九时三十分方才结束。夜深洗漱罢，我却久久无法入眠，扬州瘦西湖之美名不虚传，扬州人民的热情好客则足见扬州民风之淳朴。激动之余，我提笔赋诗一首：

扬州瘦西湖

京华扬州千里远，
飞速高铁一日还。
二十四桥与白塔，
湖光倒影伴晚霞。

第二天上午，天下起了蒙蒙细雨，我撑着从老板处借来的伞参观了何园和个园，两座园子都是著名的江南园

个园留念

琼花树下

林，此时正值牡丹花开放，园子格外美丽。我在个园大门前留了影。中午吃饭时遇见来自沈阳市的一对杨姓夫妇，我们相谈甚欢，我便请他们吃饭，四菜一汤一壶酒……下午雨还是下个不停，我乘公交时突然看到扬州八怪纪念馆，便决定下车去参观。到了馆里，我看到了扬州八怪的作品和人物塑像，纪念馆门前一树琼花正在盛放，我放下

扬州留念

背包让一个小伙子帮我拍照留作纪念！

第四天一大早，我接到徐广科大哥的电话，他说今天他和儿子请我去吃扬州早茶。我们来到当地有名的早茶餐厅，六个人（我、徐大哥夫妇、他儿子以及儿子的两个朋友）一起品尝了丰盛的江南早茶。吃完早茶，我参观了扬州码头、运河港，还游览了扬州的小巷。晚上回来，客栈老板娘做了一桌子菜，拿来一瓶老酒，她说我明天要回北京，这顿饭算是给我送行。我到门外买了两只烧鸡，与大家一起分享。

第五天，徐大哥请我到他家吃饭，当天高朋满座，吃完饭后，徐大哥让人送我上高铁站。

每每回忆，我都忍不住想说：“谢谢，热情的扬州人民！”

六、畅游齐鲁故地

二〇二三年七月十一日上午，我和夫人爱英、女儿杨静、女婿夏青、外孙刘士嘉、外孙女刘佳辉自驾出游，第一站是山东济南。

大约中午十二时，我们抵达济南泉城广场，在香格里拉酒店用餐后，我们入住河畔逸民宿。民宿的店名“河畔逸居”是原山东省委书记舒同亲笔题写，民宿右边有一棵非常大的槐树，对面是河。民宿大门两边还贴着一副对联“近水楼台先得月，临门古木又逢春”。晚上我们出去散步，泉城广场北边的步行街人山人海，灯

左起：杨依祥、张爱英

左起：杨依祥、张爱英、刘佳辉、刘士嘉、杨　静、夏　青

外孙刘士嘉

火辉煌，街道弥漫着饭菜的香味，十分诱人。我们在一家江南餐馆用了晚餐，饭后散步途经济南解放阁。解放阁位于泉城广场的东北角，为二层楼阁式建筑，半腰处镶嵌着陈毅题写的“解放阁”三个大字。解放阁是为纪念济南战役胜利而建，是济南标志性建筑之一。

十二日早晨起床后，一家人先前往趵突泉参观。这里百花竞相开放，紫薇花开得尤其好看，我们在李清照展览馆前留了影。再往前走一会儿，我们就来到了号称“天下第一泉”的趵突泉。三个泉眼不停地喷着水，周围数米都能感受到清凉。我们沿着泉水的流向来到北门，全家人在此合影留念。下午阴天了，没有了太阳的暴晒，还有些许微风吹来，于是我们前往大明湖游览。

大明湖素有“四面荷花三面柳，一城山色半城湖”的美誉。岸边柳影婆娑，湖里游船如织，恰逢荷花盛放，一切如诗如画。大明湖西边原有一个高大的摩天轮，我在山东省立医院进修时，和夫人、儿女一起坐过，三十年过去，摩天轮已消失无踪，唯有回忆留于心间。下午二时许，乌云密布，大雨倾盆而下。下午三时左右，雨稍小了一些，我们开车出发，前往淄博去和儿子杨森一家会合。

左起：杨慧宸、刘士嘉

十二日下午五时三十分，我们抵达淄博，入住酒店后就在酒店品尝了博山菜。鲁菜味道正宗，我和儿女们共同举杯，庆贺家人齐聚齐鲁故地。

十三日上午，我们参观了齐文化博物馆。齐文化博

左起：杨依祥、杨　森

左起：刘佳辉、杨　静、杨蕙瑜

物馆的基本陈列展厅是以齐国故都八百年的兴衰变迁为基点，由历史陈列与专题陈列组成，基本陈列分为先齐文明、西周之齐、春秋齐国、战国之齐、秦汉齐风、稷下学宫、余韵传承等八个部分。展厅通过实景沙盘与投影结合、多元化阅读等展示方式，动态演绎临淄城的繁华景象，多角度展示齐文化的兴衰演变过程，让我们增长见识的同时，更加坚定了传承文化遗产的决心。

下午，我们逛了周村的旅游街，这里保留着不少民国时期的街道、建筑。走在街头，依稀感受到了当年淄

周村留念

博印染业的繁荣。周村美食众多，其中传统小吃周村烧饼外形圆而色泽黄，正面贴满芝麻，背面酥孔罗列，薄似杨叶，酥脆异常，入口即碎，香气四溢，让人回味无穷。

晚上，我们吃了淄博烧烤。听孩子们讲，与其他城市的烧烤相比，淄博烧烤有两大特色：一是小火炉，即每桌都有独立的小烤炉，食物用炭火烤制，上桌时肉串烤到半熟，剩下的过程，火候由食客自己掌握；二是食用时要配三件套——小饼、小葱、酱。拿两串嗞嗞冒油的肉串，先裹上蘸料，然后放在小饼上，手握住小饼将肉串攥紧，往后一拉扦子，肉就完整地包裹在小饼里面了，再放上一段葱叶或葱白，一卷就完成了。大口咬下，小饼的麦香与蘸料的辛香、烤好的肉香混合在一起，充盈了整个口腔。小饼让微咸的肉变得适口，蘸料又提供了足够的香气，而大葱很好地抵消了肉的油腻，三者相辅相成，让人久久难忘。饭后，我们又参观了海岱楼，发现楼里有一家名为“钟书阁”的书店。图书品种齐全、排列整齐，在这里看书简直太享受了。

七月十四日上午，我们参观了淄博陶瓷琉璃博物馆。淄博陶瓷技艺是一项古老的制瓷技艺，陶瓷具有的造型古朴、装饰新颖、色彩绚丽、风格独特等特点使淄博成为驰名世界的瓷都之一。在釉色研究方面，淄博陶瓷的成就尤为出色，不仅恢复了早已失传的“雨点釉”“茶叶末釉”和“云霞釉”，还创造了新的“红金晶釉”“鸡血红釉”“金星釉”以及几十种黑釉

杨静书店留影

系窑变花釉。这里的工艺品，尤其是国宴陶瓷，造型精美，色泽让人惊叹。

下午二时，我们启程返京，齐鲁之行愉快结束。

前排左起：杨慧宸、刘士嘉

后排左起：夏　青、杨　森、张爱英、杨依祥、杨蕙瑜、杨　静、刘佳辉、梁　彧

七、游览平型关、雁门关、五台山

二〇二四年二月五日上午，我们一家从北京出发前往山西旅游。上午十一时，我们抵达了平型关大捷纪念馆。我们下车后，天空飘起了片片雪花。由于前几天下过大雪，不一会儿，地上就积起了半尺多厚的雪，我们特意冒着雪在雪地上合影。站在广场上，我给孙子讲起了平型关大捷：

一九三七年七月七日，卢沟桥事变爆发，日本帝国主义开始疯狂进攻中国，他们妄图从山西的北面攻入中原腹地，直逼太原、武汉。

平型关大捷纪念馆留念

一九三七年九月二十五日，为了配合第二战区的友军作战，阻挡日军攻势，八路军在一一五师师长林彪、副师长聂荣臻的指挥下，充分发挥近战和山地战的特长，集中兵力于平型关对日军进行了一次成功的伏击。八路军在平型关取得首战大捷，这是八路军出师以来打的第一场大胜仗，打破了日军“不可战胜”的神话，提高了中国共产党和八路军的威望。

六日上午，我们驱车前往雁门关，停车后我们踏着厚

雁门关留念

左起：杨　森、杨依祥

厚的白雪，三步一回，五步一折地往山上走，四公里长的路我们走了一个多小时，雄伟的雁门关终于映入眼帘。雁门关左侧有一庙，人们用石碑、塑像缅怀着英雄卫青、霍去病、李广、杨延昭……

左起：梁　彧、杨慧宸、杨　森

左起：夏　青、杨　静

雁门关北面也有许多景点，有塔，有武庙，还有仍架在城墙上的清末的钢铁大炮。这里还保留着北宋名将杨延昭将军驻守边关时用的沙盘和办公所，作为同姓后辈，我为杨家将英勇杀敌、保家卫国的事迹而感到

左起：梁　彧、杨　森、杨慧宸、杨依祥、杨　静、夏　青

骄傲。

七日上午，我们在导游的带领下前往五爷庙，开启五台山祈福之旅。

位于山西境内的五台山，不仅是著名的佛教圣地，还是难得的避暑佳境。它与浙江的普陀山、四川的峨眉山、安徽的九华山，并称“中国佛教四大名山”。五台山由五座山峰环抱而成，五座山峰的顶端平坦宽阔，好似土砌的平台，分别称为“东台”“西台”“南台”“北台”“中台”，合称“五台”。相传，五台山原名五峰山，气候恶劣，冬天滴水成冰，夏天酷热难当，飞沙走石漫山遍野，当地百姓苦不堪言。为了搭救百姓，文殊菩萨从东海龙王那儿借来歇龙石，将其放在山谷中，这里顿时变得清凉无比，从此五台山一片生机盎然的景象。人们感念文殊菩萨的恩德，特地修了一座寺院，起名“清凉寺”，并将五峰山改名为“清凉山”，后又更名为“五台山”。

左起：梁　彧、杨　森、杨慧宸、杨依祥、杨　静、夏　青

在大大小小的庙宇中穿行，时刻都能感受到五台山的佛教文化。游走其中，返璞归真之感油然而生，厚重的历史无时无刻不散发着耀眼的光芒。

我们主要游览了显通寺和塔院寺。显通寺是五台山规模较大、历史悠久的寺院，这个占地面积约八万平方米的寺院拥有大大小小铜铸佛像万余尊。门前钟楼上重达五吨的铜钟，每每敲击，声音洪亮而悠然。塔院寺以释迦牟尼舍利塔而闻名。舍利塔为白塔，在青山绿树中显得格外醒目，因此被看作是五台山的标志性建筑。

中午十二时，我们回到酒店稍作休息后去龙泉寺参观。相传，龙泉寺原来是杨家将家庙，后因此地有一眼大泉终日流水不息，故改名“龙泉寺”。民国初年，当地百姓集资修建了繁复、精致的石牌坊，镂雕工艺让人叹为观止。之后，我们驱车前往殊像寺，此寺是五台山五大禅林之一，因寺内供奉文殊菩萨而得名。殿内供奉的文殊骑狮塑像，高近十米，是五台山诸寺中最高大的文殊塑像。

八日早饭后，我们自驾返回北京。

八、秦皇岛度假

二〇二四年六月二十六日，孙女杨蕙瑜中考结束。六月二十八日孙子杨慧宸、外孙刘士嘉也放假了，孩子们迎来了期盼已久的暑假，儿子杨森便组织全家人去秦皇岛旅游。

二〇二四年六月二十九日上午，女婿夏青开车，我和夫人张爱英、女儿杨静、外孙刘士嘉一同乘车前往秦皇岛。外孙女刘佳辉正读高一，还未放假，很遗憾未能参加此次旅行。汽车在京秦高速路上飞驰，下午二时左右，我们抵达秦皇岛海天一色酒店，和儿子杨森一家人会合。

秦皇岛海天一色酒店坐落于东山海滨之畔，是一座可以与大海零距离接触的旅游度假酒店，步行可直达沙滩，房内即可观海上日出日落、潮汐更替。

傍晚，大家踩着沙滩来到波涛滚滚的海边。天特别的蓝，朵朵白云飘过，天海一色，一排排海浪拍向岸边。

亲家梁景瑞、亲家母李滢、儿子杨森、儿媳梁彧、孙子杨慧宸、外孙刘士嘉先后下了海，在离岸五十米左右的地方游泳、嬉戏，开心极了。踏着海岸边的余浪漫步，我回忆起三十年前我参加全国心血管学术会议时在北戴河戏水的场景，那时我和同学们在海边追逐、玩耍。现我已过古稀之年，想到这里，我为今天的健康而高兴，儿孙满堂，吾亦足矣。

晚上七时，我们回到海天一色酒店宴会厅用晚餐。餐厅后窗面对蓝色的大海，涛声不绝于耳。秦皇岛特色

左起：杨依祥、杨　森

左起：杨慧宸、杨　森

左起：夏　青、杨　静、刘士嘉、杨依祥、张爱英、杨慧宸、杨　森、梁　彧

美食香气扑鼻，一家人其乐融融，开怀畅饮，这就是幸福。

左起：杨　静、夏　青、杨　森、梁　彧

六月三十日上午八时许，我们驱车前往山海关游览。山海关素有“天下第一关”之称，是明长城的东北关隘之一。明洪武十四年（公元一三八一年），明太祖朱元璋下令在此筑城建关，遂成为扼东北、华北咽喉的军事重镇，因其依山邻海，故得名“山海关”。大家登关遥望北疆，赞叹祖国的大好河山。

左起：梁景瑞、杨依祥、张爱英、李　滢

左起：夏　青、杨依祥、杨　森

上午十时许，我们驱车前往老龙头景区。老龙头是明长城的东部入海处，接水上长城九门口，入海石城犹如龙首探入大海弄涛舞浪，故得名“老龙头”。它与城北的角山长城、城东的威远城构成掎角之势，拱卫着山海关城。老龙头最为著名的建筑当数澄海楼，楼上的匾额“雄襟万里”为明代大学士孙承宗所题，楼前的“天开海岳”古碑，字体浑厚古朴、遒劲苍郁，道出了“放

左起：刘士嘉、杨　森、杨蕙瑜、梁景瑞、李　滢、杨慧宸、梁　彧、杨依祥、张爱英、杨　静、夏　青

眼天际，苍茫一碧，天适地设”的绝妙神韵。登上老龙头，面对波涛汹涌、云水苍茫的大海，让人深刻体会到大海之辽阔！

午休后，我和儿子杨森、女婿夏青一同散步至秦皇求仙入海处游览。秦皇岛古属碣石地域，因秦始皇东巡驻跸于此而得名。明宪宗成化十三年，立“秦皇求仙入海处”石碑。景区建筑古朴典雅，秦风阙门巍然屹立，赵朴初先生题写的匾额更是彰显皇家气韵。始皇东巡群雕生动再现了秦始皇统一六国后的壮观场面，让人感受到千古一帝的非凡风采。

七月一日上午，我们驱车来到北戴河鸽子窝公园。被视为北戴河象征的鸽子窝公园，位于北戴河海滨旅游景区东北角。地层断裂所形成的临海悬崖上，一巨石似雄鹰屹立，故名“鹰角石”。该石高二十余米，常有成群的鸽子或朝暮相聚或窝于石缝之中，因此得名“鸽子窝”。

左起：杨依祥、张爱英

左起：杨　森、刘士嘉

左起：杨　森、杨依祥

左起：杨　森、张爱英

左起：杨　森、杨慧宸、杨蕙瑜、梁　彧

天气虽炎热，但一走进鸽子窝公园，马上就感到凉爽，从树林中穿过的木板路和迎面吹来的阵阵海风，让人十分惬意。

一九五四年夏，毛泽东主席曾在鸽子窝公园极目远眺，感慨万千，写下《浪淘沙·北戴河》这一不朽诗篇。为深切缅怀毛主席的丰功伟绩，北戴河区政府在鸽子窝公园敬立了诗词碑和毛泽东主席雕像。

在毛泽东主席雕像右侧长廊旁还立着许多石刻，有曹操的《观沧海》、李世民的《春日观海》、朱元璋的

左起：杨　森、梁　彧

左起：杨　静、夏　青

左起：夏　青、杨　静、刘士嘉、张爱英、杨依祥、梁景瑞、李　滢、杨慧宸、梁　彧、杨蕙瑜、杨　森

《咏竹》等。

眼望无边无际的大海，不禁仰天长叹，三十年故地重游，北戴河涛声依旧，吾却老矣！

参观结束，我们驱车去用午餐。午餐后我们自驾返京，秦皇岛之行圆满结束。

九、香港、澳门旅游

二〇二五年一月十七日上午九时三十分，我和夫人张爱英、女儿杨静、女婿夏青、外孙女刘佳辉、外孙刘士嘉出发旅游，既放松了身心，又共享了天伦之乐。

中午十二时三十分，我们抵达深圳宝安机场，入住深圳鹏威酒店。在当地老乡的热情推荐下，我们到著名的“繁楼”品尝茶点，体验深圳的早茶文化。晚上于湘景馆吃了当地特色猪肚鸡火锅后，我们漫步于深圳街头，感受着这座年轻城市蓬勃的活力和欣欣向荣的气象。

左起：杨依祥、张爱英

深圳于一九七九年三月建市，一九八〇年八月深圳经济特区成立。四十多年来，深圳从落后的边陲小镇发展成为一座现代化大都市，创造了世界发展史上的奇迹。

与深圳一河之隔的香港是中国特别行政区，具有丰富的历史和独特的文化，是国际金融、航运和贸易中心。此次，我们终于有幸一睹她的芳容……

一月十八日上午八时三十分，我们乘车过深圳湾口岸，两个多小时后顺利入住邻近海港城的香港皇家太平洋酒店。午餐后，我们去九龙公园遛弯，这里鲜花竞放，树木苍翠，公园雕塑别具一格。从公园出来，我

香港留念

左起：杨依祥、张爱英

左起：张爱英、杨依祥

们乘坐地铁去太平山游览，太平山的上山小火车是香港著名的网红打卡地之一。小火车顺坡而上，直达太平山山顶。太平山山顶是香港首屈一指的旅游名胜，向下俯瞰，可以一览维多利亚港全貌。山顶的凌霄阁是由英国著名建筑师特里·法雷尔（Terry Farrell）设计，外形呈十分独特的碗状，诸多游客争相在此拍照留念。

晚上我们到酒店旁的港威大厦游览，这里装潢豪华，奢侈品品牌齐全，各国商品琳琅满目。港威大厦不远处就是香港著名景区维多利亚港，这里和香港国际会展中心、紫荆花广场一水相隔。我们乘轮渡前往游

左起：夏　青、杨　静

览，一路上五光十色，美不胜收。

最让我难忘的景点是香港国际会展中心，它位于中国香港湾仔，是世界最大的展览馆之一，也是香港海边最新建筑群中的代表，它独特的飞鸟展翅式形态，给美丽的维多利亚港增添了不少色彩。一九九七年七月一日香港回归祖国大典正是在该处举行。我站在会展中心前的紫荆花雕塑前，听到拍打石头的阵阵海浪之声，不禁为今天祖国的繁荣富强而自豪。

一月十九日上午九时，我们抵达东涌，乘坐360°全景缆车去看天坛大佛。天坛大佛是全球最高的户外青

左起：刘佳辉、张爱英、杨依祥、杨　静、夏　青

左起：张爱英、杨　静、杨依祥、刘士嘉、夏　青

铜坐佛，由两百块青铜铸件构成。这尊历时十二年落成的宏伟大佛寓意稳定繁荣、国泰民安。

一月二十日，我们乘车离开香港，进入澳门特别行政区，在港珠澳大桥上行驶四十分钟后，入住澳门利澳酒店。

澳门特别行政区原本只是一个小渔村，现已发展为土地总面积约三十三平方千米、常住人口约六十七万的繁华都市。出口加工业、博彩旅游业、金融服务业、建筑地产业是澳门特别行政区经济的四大支柱。

我们下午去参观大三巴牌坊（原圣保禄大教堂正面前壁遗址）。狭窄的街道和充满特色的新葡京酒店（也称何鸿燊酒店）让人感慨万千。大三巴牌坊游人如织，周遭店铺林立，一派繁荣景象。

一月二十一日上午九时，导游带我们参观了当地的妈祖阁。这是澳门一座历史悠久的庙宇，是世界文化

左起：张爱英、杨依祥

遗产——澳门历史城区的重要组成部分。妈祖是流传于中国沿海地区的传统民间信仰，澳门依海而建，当地人自然也不例外，出海前必祭妈祖祈求平安。

上午十时许，我们在导游的带领下参观了澳门大学。澳门大学是一所位于中国澳门的公立国际化综合性研究大学。前身为一九八一年成立的东亚大学，二〇一四年迁入位于广东珠海的新校区。该校以“仁、义、礼、知、信”为校训，致力于培养具有爱国情怀、国际视野、全球竞争力和社会责任感的创新型人才。我们参观了展览馆、图书馆、体育馆、教学楼……

左起：杨依祥、张爱英

我们还参观了著名的官也街，中午到澳门威尼斯人酒店用餐。威尼斯人酒店开幕时是亚洲最大单幢式酒店及全球第二大建筑物，也是澳门最大的酒店，它集会展、酒店及表演、购物元素于一体，十分奢华。

下午三时，我们到澳门银河综合度假城观看了钻石灯光秀。下午四时，参观了巴黎铁塔和英国大本钟的微缩景观，两处景观完美复刻，十分值得一游。下午五时许，我们来到澳门金莲花广场，这是为庆祝一九九九年澳门回归而建设的广场，是澳门著名地标及旅游景点。置于广场上的由中华人民共和国中央人民政府赠送的《盛世莲花》铜塑象征澳门永远繁荣昌盛。

一月二十二日上午十时，我们乘车再次途经港珠澳大桥，横穿横琴，到达珠海的金湾机场，并于下午二时三十分返回北京，此次旅行圆满结束。

左起：杨依祥、张爱英、杨　静

第四章

温馨回味家庭事

一、五服内杨氏亲属

曾祖父育四子：杨心平、杨心凤、杨心安、杨心贞。杨心凤是我祖父。

大爷爷杨心平育一子杨连珠。

杨连珠育五子：杨福田、杨福德、杨依立、杨依轩、杨依华。

杨福田，出生于一九四五年，菏泽一中毕业，一九六五年考取大连理工大学，退休后定居西安，二〇一七年去世，享年七十二岁。育有一子杨林。

杨福德，育子杨圣民、杨圣印、杨圣玉。

杨依立，育子杨圣银、杨圣法、杨圣龙。

杨依轩，育子杨圣斌。

杨依华，育子杨圣国。

三爷爷杨心安，育二子杨连臣、杨连文。

杨连臣，育二子杨依龄、杨依亮。

杨连文，育二子杨依合、杨依宏。

杨依龄，出生于一九五三年，高中毕业，退伍军人。育二子杨勇、杨雷。

杨依亮，出生于一九六四年，现为单县一中教师、教研室主任。育一子杨楠，清华大学博士，现就职于上海。

四爷爷杨心贞，育三子杨连声、杨连成、杨连义。

杨连声，育子杨依坤。

杨连成，育子杨依锁。

杨连义，育子杨依刚、杨依兵。

杨依坤，育子杨圣春。

杨依锁，育子杨圣俊。

杨依刚，出生于一九七一年，定居北京经商。育子杨帅。

杨依明，是我平日接触较多的好兄弟。他出生于一九六三年，退伍军人，曾任后勤管理员，现已退休。育有二子杨贺、杨松。

我的曾祖父与依明曾祖父是亲兄弟，我曾祖父行二，依明曾祖父行三。

二、祖父、父亲、母亲、舅父

祖父杨心凤，出生于一九〇三年，中国共产党党员，二十世纪二十年代参加地下革命工作，任邓尧村农救会会长，带领村民反抗日本帝国主义侵略、反对国民党统治，一九四七年秋天于一次夜间战斗中光荣牺牲，后被国家有关部门追认为烈

·父亲杨连卯·

·母亲杨王氏·

士，二〇〇〇年相关政府部门立烈士碑以示纪念。

父亲杨连卯，一九三一年出生，初小文化，二十世纪五十年代担任小乡乡长，二十世纪六十年代至二十世纪九十年代担任九十队生产队长。县劳动模范。德高望重，深受乡邻们的爱戴。二〇〇九年去世，享寿七十八岁。

母亲杨王氏，一九三〇年出生，一生务农，勤俭持家，助夫育子，为贤妻良母，二〇一九年去世，享寿

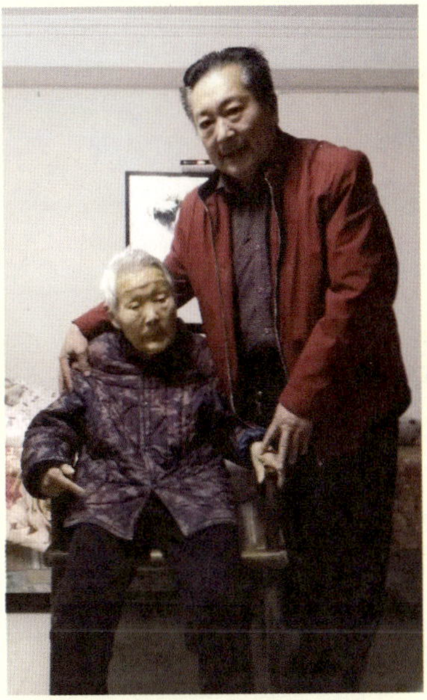

我和母亲

我和三弟与母亲合影

八十九岁。

舅父王永合，一九三四年生，黄岗镇西头小吴庄人，一生务农，勤俭持家，二〇一〇年去世，享寿七十六岁。

三、我的弟弟妹妹

我是长子，出生于一九五一年，属兔。我有两个弟弟、四个妹妹。

二弟杨依忠，一九五四年出生，属马，高中毕业。一九七二年开始在新华书店工作，因工作积极、业务能力强被提升为单县黄岗镇新华书店负责人，连续十多年被县新华书店评为“先进个人”。二〇〇三年因病去世，享年四十九岁。二弟媳瞿金玲，生于一九五二年，一生务农，勤俭持家，特别是照顾公公、婆婆，勤勤恳恳，任劳任怨。二弟家儿女双全。侄子杨飞，单县公务员。侄女杨艳，某药业集团高级管理人员。

前排左起：瞿金玲、杨依忠
后排左起：杨　艳、杨　飞

左起：杨依忠、瞿金玲

左起：瞿金玲、杨依忠

前排左起：杨晨兮、王梓辰
后排左起：王当杰、瞿金玲、杨依祥、程　红、杨　艳

三弟杨依朋，大学毕业，任职于县卫生局。十多年来，三弟一直操持老家的各项事务，维护乡邻关系，在家乡小有名望。三弟媳崔秀丽，任职于单县人力资源和社会保障局。三弟家有两个儿子。大侄杨沐生，烟台大学毕业，现为辽宁朝阳站铁路公安民警。小侄杨宇恒，就读初中二年级。

左起：杨依朋、崔秀丽

左起：杨沐生、杨依祥

左起：杨宁恒、崔秀丽、杨依朋、杨沐生

前排：杨宇恒
后排左起：杨沐生、杨依祥、杨依朋

大妹杨依兰，出生于一九五七年，已退休。大妹夫许存冉，出生于一九五七年，已退休。大妹家儿女双全。外甥许栋，在菏泽经营装修公司。外甥女许丽，在菏泽做公司注册业务。

左起：杨依兰、许存冉

前排左起：田家乐、许珂萌、许　诺、许峻豪
后排左起：许　丽、钱文杰、杨依兰、杨依祥、许存冉、许　栋

二妹杨依美，在单县卫生防疫站工作。二妹夫赵世健，出生于一九六〇年，已退休。二妹家儿女双全。外甥女赵阳，山东师范大学毕业，目前在单县一中任教。外甥赵旭，内蒙古财经大学毕业，现任职于单县纪律检查委员会。

左起：赵世健、杨依美

前排左起：徐亦辰、徐靓恬、赵欣悦
后排左起：赵　阳、杨依美、杨依祥、赵世健、赵　旭、赵　源

三妹杨依芳，出生于一九六五年，人民教师，已退休。三妹夫王福友，出生于一九六五年，曾任菏泽印刷厂会计，已退休。三妹家有一个儿子王政，毕业于成都理工大学，现定居北京，就职于北京市亦庄开发区。

左起：王福友、杨依芳、王　政

左起：杨依芳、杨依祥、王福友

四妹杨先梅，济宁医学院毕业，现为菏泽家政职业学院教授、主任医师、医政办公室主任。四妹是目前家族中唯一一位教授。四妹夫黄汝昌，已退休。四妹家有一个儿子杨天朔，大学毕业，现为菏泽家政职业学院教师。

左起：黄汝昌、杨先梅

左起：杨天朔、杨先梅、杨依祥、黄汝昌

左起：杨先梅、杨依芳、瞿金玲、杨依兰、杨依美

左起：黄汝昌、许存冉、赵世健、王福友

左起：杨依朋、杨先梅、杨依美、杨依祥、杨依兰、瞿金玲、杨依芳

前排左起：杨　静、杨　森、杨依朋

中排左起：杨依祥、杨王氏、杨连卯、杨　飞、杨依忠

后排左起：张爱英、瞿金玲、杨　艳、杨依兰、杨依美、杨依芳、杨先梅

父母均已过世，我已年逾古稀，现常住北京，除清明、春节回家祭祖，与兄弟姐妹见面机会并不多。但我们兄妹七人，在父母的教导下，相亲相爱，相处融洽，事业上相互帮衬，每逢节假日都会相互问候，一有时间就会组织家庭聚会。

四、岳父家庭情况

岳父张俊峰

岳父张俊峰，河北大城人，出生于一九二四年，一九八九年去世，享寿六十五岁。岳父十五岁加入东北抗日联军，参加过辽沈战役、平津战役、广西剿匪战役和解放海南岛战役，还参加了抗美援朝。一九五五年，岳父转地方任成武县人民武装部备战科科长，后来历任

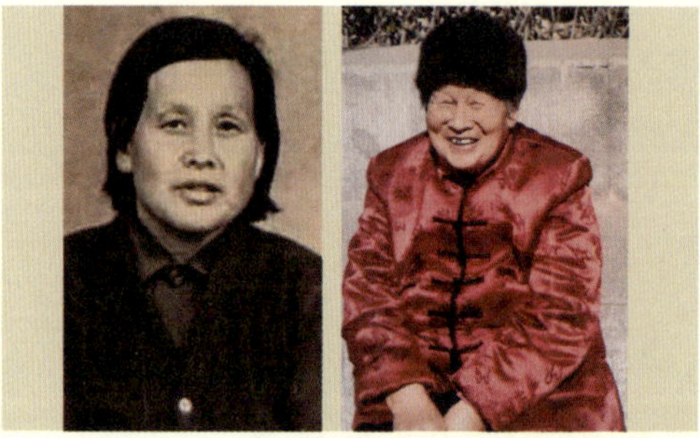
岳母王秀荣

成武县汶上镇武装部长、成武县机关武装部部长、成武县水利局局长。

岳母王秀荣，出生于一九三六年，二十世纪五十年代曾任成武县银行干部，后退休于工业局。一生勤俭持家。现年八十九岁。二老一生育一男八女。

长女张爱英，生于一九五七年，优秀的妇科大夫。现已退休。

张爱英

内弟张意军，生于一九六九年，成武县某地产公司销售负责人。弟媳张艳玲，出

左起：张意军、张　鑫

前排左起：王秀荣、乔梓萌

后排左起：乔　磊、张　璐、张意军、张艳玲、张　鑫生于一九七四年，也在成武县工作。内弟家儿女双全。女儿张璐，在成武县邮政储蓄银行工作。儿子张鑫，从部队退伍后在江西科技职业学院读书。

二妹张翠英，生于一九五九年，已退休。二妹夫林建华，生于一九五七年，已退休。育二女一男，林霞、林丹、林旭东。

三妹张爱云，生于一九六一年，已退休。三妹夫白兴战，生于一九五五年，退伍军人，曾荣立三等功，已病逝。育有二子白义、白冰。

四妹张爱萍，出生于一九六三年，已退休。四妹夫黄建伟，出生于一九五六年，已病逝。育有二子黄壮、黄皓。

五妹张爱清，出生于一九六五年，已退休。五妹夫张德强，出生于一九六二年，退伍军人，曾任水利局人事科科长，已退休。育二女一子，张玉、张婷、张利。

左起：杨依祥、张爱英

左起：张翠英、林建华

左起：白兴战、张爱云

左起：张爱萍、黄建伟

左起：张爱清、张德强

左起：姚卫东、张爱红、姚　娴

左起：张爱玲、解铜成

左起：张艳英、贾恒熠、贾玉欣

六妹张爱红，公务员，已退休。六妹夫姚卫东，公务员。育有一女姚娴。

七妹张爱玲，出生于一九七一年，已退休。七妹夫解铜成，出生于一九七〇年，已退休。育一子一女，解文彬、解文倩。

八妹张艳英，生于一九七五年。八妹夫贾玉欣，出生于一九七六年，退伍军人。小妹夫妇都在成武县经商。育有一子，贾恒熠。

成武兄弟姐妹间相处融洽，我和几位妹夫也是感情深厚、亲密无间，特别是与二妹夫建华、三妹夫兴战、四妹夫建伟处得如同亲兄弟一般。

左起：张艳英、王秀荣

左起：王秀荣、杨　森

左起：张爱红、张爱云、张爱英、张艳英、张爱萍、张爱玲、张翠英、张爱清

左起：张爱红、张爱云、张爱萍、张爱英

前排左起：张爱清、张爱红、张爱英
后排左起：张爱萍、张翠英、张爱云

左起：张意军、杨依祥、黄建伟

左起：黄建伟、白兴战、杨依祥、林建华

左起：林建华、杨依祥、姚卫东

左起：贾玉欣、解铜成、姚卫东、林建华、杨依祥、黄建伟、白兴战、张意军

前排左起：林　丹、林　霞、白　义

中排左起：张艳英、杨　静、王秀荣、张俊峰、杨　森

后排左起：张爱红、张爱萍、张翠英、张爱英、张爱清、张爱云、张意军、张爱玲

前排左起：申骐铭、白昊轩、杨慧宸、刘士嘉、解依依、解淑媛、王秀荣、乔梓萌、白馨彤、白瑜梦、申骐菲、张以萱

第二排左起：贾玉欣、解铜成、姚卫东、张德强、林建华、杨依祥、张意军、张爱英、张艳玲、张翠英、张爱云、张爱萍、张爱清、张爱红、张爱玲、张艳英

第三排左起：解文倩、刘　倩、刘佳辉、杨蕙瑜、梁　彧、杨　森、杨　静、张　鑫、张　璐、林　霞、林　丹、张　婷、张　玉、祝秀平、鹿　贺

后排左起：白　兵、贾恒熠、乔　磊、黄　壮、白　义、白传舜、夏　青、解文彬、陈　晓、孔浩宇、孔祥龙、李建运

五、我的小家庭

我和夫人张爱英于一九七五年六月结婚，儿女双全，儿子杨森、女儿杨静目前都在北京工作。

儿子杨森，一九七六年出生，属龙，一九九九年毕业于北京印刷学院，入职中国共产主义青年团中央委员会创办的《中国青年》杂志社。后离职创业，现为北京睿众文合文化传媒有限公司总经理，主营图书出版。儿媳梁彧，一九七九年出生，属羊，二〇〇一年毕业于北京印刷学院，现为芬欧汇川（中国）有限公司销售经理，主营纸张销售。

孙女杨蕙瑜，二〇〇九年出生，北京景山学校通州分校高一学生。孙子杨慧宸，二〇一四年出生，北京教育科学研究院通州区第一实验小学杨庄校区四年级学生。

左起：梁彧、杨蕙瑜、杨慧宸、杨　森

左起：杨依祥、杨慧宸

左起：梁　彧、杨　森

左起：杨蕙瑜、梁　彧

前排左起：杨蕙瑜、杨慧宸
后排左起：张爱英、杨依祥

前排左起：杨蕙瑜、张爱英、杨依祥、杨慧宸
后排左起：梁　彧、杨　森

亲家梁景瑞，出生于一九四七年，河北唐山人，药剂师，已退休。亲家母李滢，出生于一九五〇年，河北唐山人，中学高级教师，已退休。亲家和亲家母都是知识分子，通情达理，仁厚豁达，退休后大部分精力都在照顾蕙瑜、慧宸，为儿子、儿媳的事业发展提供了很大的帮助。

左起：李　滢、梁景瑞

前排左起：李　滢、梁景瑞

后排左起：梁　彧、杨蕙瑜、杨慧宸、杨　森

前排左起：李　滢、杨蕙瑜、梁景瑞

后排左起：杨　森、梁　彧

左起：杨　森、梁　彧、杨慧宸、
李　滢、杨蕙瑜、梁景瑞

夏 青、杨 静

女儿杨静，一九七九年出生，属羊，山东青年管理干部学院（现山东青年政治学院）毕业，上海大学工商管理硕士。现就职于友邦人寿保险有限公司北京分公司，高级经理人。

女婿夏青，一九七八年出生，北京联合大学毕业，现就业于明亚保险经纪股份有限公司，销售经理。

外孙女刘佳辉，二〇〇七年出生，三河市燕郊育才实验学校高二学生。外孙刘士嘉，二〇一一年出生，北京市第三十一中学初一学生。

左起：杨依祥、张爱英、刘佳辉、夏　青、杨　静、刘士嘉

前排左起：杨蕙瑜、刘佳辉
后排左起：杨　静、夏　青

左起：杨　静、刘佳辉、刘士嘉、夏　青

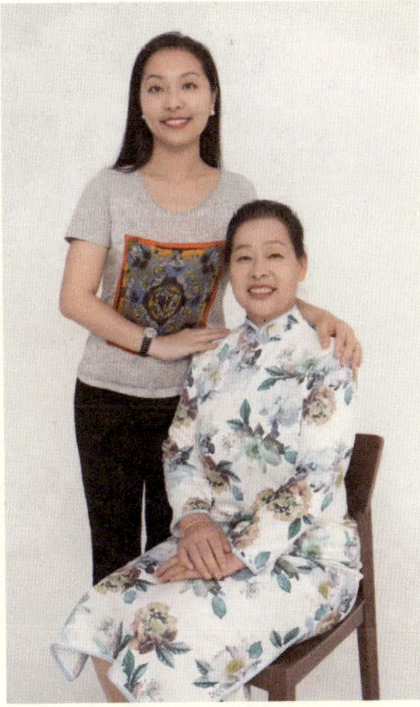

左起：杨　静、张爱英

亲家夏启超，出生于一九四四年，山东济南人，已退休。亲家母田杰，一九五二年出生，北京通州人，已退休。

左起：夏启超、田　杰

儿子、儿媳、女儿、女婿都很孝顺，每逢节假日全家都会一起聚餐。我们一家人相亲相爱、幸福美满。

左起：杨慧宸、刘士嘉

全家聚餐

六、庆贺七十寿辰

二〇二〇年九月十四日中午，我们全家为我举办了七十寿宴，单县老家三弟杨依朋，侄子杨飞，外甥许栋、赵旭、王政，家住北京的堂弟杨依明和夫人陈香美、杨依刚和夫人以及杨依翠的丈夫、杨依英和丈夫、堂表妹阎氏等都来参加了宴会。

我和夫人张爱英端坐在大红“寿”字前接受跪拜大礼，第一组磕头的是孙辈——孙子杨慧宸、孙女杨蕙瑜、外孙刘士嘉、外孙女刘佳辉；第二组是侄子杨飞，外甥许栋、赵旭、王政；第三组是儿子杨森、女儿杨静。

孙辈磕头拜寿

左起：杨依朋、杨依祥、杨依明

左起：杨　森、梁　彧、杨依朋

大家围坐在一张大圆桌前，我欢迎各位亲人的到来，大家齐声祝我“生日快乐”“身体健康”。

古人云，人生七十古来稀。我的晚年幸福美满。

七、春节回家祭祖

二〇二二年农历五月十三日是母亲去世三周年的日子，我从无锡乘高铁回老家单县祭拜。我给父母立了碑、给祖父迁坟移碑，事情办得圆满而顺利。

二〇二三年春节，我们全家决定回乡祭祖。大年初二，我们全家出发前往菏泽。下午四时许，我们抵达菏泽。当晚，我外甥许栋在夏月小楼酒店设宴为我们接风，饭菜丰盛，气氛热烈，我们全家与大妹依兰、妹夫许存冉一家共欢。

初三，我们开车去成武县看望岳母，老人家已是

跪　拜

八十六岁高龄，身体状况欠佳。杨森、杨静专程给舅舅和各位姨娘、姨父拜年。内弟张意军设宴招待了我们，晚上我们又回到菏泽。

初四是大家定的回老家邓窑祭祖的日子。我们上午七时驱车赴单县，先去老屋福鑫花园看了看，让孩子们感受了一下那个年代的生活。上午十时，我们到了邓窑村。现在的二层楼房是二〇一五年在老宅的基础上盖起

老宅一隅

左起：杨　森、杨依祥

老宅聚餐

来的，平时没有人住，只有逢年过节时才来一趟。这次，全家人都来了，我们到祖父、父母碑前磕头以示孝道。我想让孩子们知道他们是齐鲁儿女，不论他们走多远，不论他们多富有，根都在这里。午餐是三弟依朋安排的，全家四十多口人，分四桌吃饭，大家喜气洋洋过春节。晚辈们向我敬酒，我很高兴，我已是三世同堂，身体健康、阖家幸福正如我愿。我告诫孩子们，我们要

前排左起：张艳英、张爱玲、王秀荣、张爱云、张爱萍

后排左起：张爱红、张爱清、张爱英、张意军、张翠英、张艳玲

珍惜今天的幸福，不要忘记父母的养育之恩，不要忘记中国共产党的培养和教育，不要忘了家乡父老的支持和乡邻的帮助。

初五，大家在菏泽休整一天，初六下午受六妹张爱红之邀住进成武大酒店。

初七上午，我们一家人乘船游览了成武的文亭湖景点。十一时，参加岳母王秀荣八十六岁寿宴，我来张家门吃饭已有四十八个春秋，时刻感受到家的温暖，我愿岳母健康长寿。

午餐后我们回到菏泽家中，初八一早开车返回北京。

前排左起：杨蕙瑜、王秀荣、刘佳辉、杨慧宸

后排左起：夏　青、杨　静、刘士嘉、杨依祥、张爱英、杨　森、梁　彧

第五章

诗书墨韵悟人生

一、诗以咏志

颂毛泽东主席

文韬武略傲宇穹，
运筹帷幄缚苍龙。
改天换地山河在，
丰功伟绩日月同。

二〇一三年冬　桂林

故　乡

青山绿水居人家，
鹅肥鸭壮嘉年华。
身居故地享美景，
早看日出晚观霞。

二〇一八年秋　菏泽

故　居

古城小楼湖水边，
三面环水芦花间。
人在中年业正盛，
车马盈门史无前。

一九九九年春　单县

还 乡

岁暮天寒归乡忙，
农家小院残雪凉。
双亲不在炊烟断，
睹物思亲泪穿肠。

二〇二二年冬　菏泽

岁 月

昨日少年今成翁，
沧桑岁月快如风。
苦辣酸甜皆自品，
是非功过后人评。

二〇二三年秋　北京

悟

一壶老酒品日月，
半碗清茶悟人生。
功名利禄皆看淡，
笑迎南北东西风。

二〇二〇年秋　北京

茶　韵

茶可静心客世事，
水如明镜照乾坤。
莫道醉人唯美酒，
香茗醉人亦醉心。

二〇二一年春　北京

人生（一）

慢品时光静品茶，
闲庭信步咏风华。
一年四季悠然过，
永葆青春度晚霞。

二〇一〇年冬　北京

人生（二）

云淡风轻任鸟飞，
笑对人生乐与悲。
日出东方迎彩霞，
日落西山送余晖。

二〇一九年冬　北京

古稀有感

无情岁月催人老，
古稀之秋情未了。
京沪两广和南海，
风雨神州任逍遥。

二〇二一年秋　北京

夕　阳

晚霞余晖映斜阳，
青山绿水入画廊。
烟树十里杨柳岸，
轩窗雅客茶飘香。

二〇一五年春　北京

咏梅（一）

一树寒梅吐暗香，
身披白色嫁衣妆。
不知梅雪谁生恋，
艳丽争辉情意长。

二〇一一年春　北京

咏梅（二）

凌寒独放花更俏，
淡雅出香品自骄。
一树红梅枝间傲，
冰清玉洁尽妖娆。

二〇一三年春　北京

早春湛江

正月初春来暖早，
青山柳色鸟声娇。
往年杏树花开日，
已还家乡万里遥。

二〇二二年春　湛江

游湛江湖光岩

神龟白牛千年唱，
湖光山色赛苏杭。
宋有李苏赏明月，
今朝山河更雄壮。

二〇二一年秋　湛江

春到西子湖

醉美西湖三月天，
轻舟梨波绿浪翻。
苍山逍遥云天外，
拂柳春风舞长鞭。

二〇一七年秋　杭州

西湖·岳飞墓

西湖北麓松柏间，
鄂王陵阙苏堤伴。
抗金英雄岳武穆，
精忠报国颂千年。

二〇一九年夏　杭州

游漓江

桂林丹桂桂花香，
漓江漓水千年淌。
似簪奇峰破水出，
千帆飞渡迎朝阳。

二〇一三年秋　桂林

渔翁赞

山清水秀太湖边，
云淡风轻别有天。
最美渔翁居世外，
逍遥自在赛神仙。

二〇二二年春　无锡

诗书情

润笔凝香翰墨情，
吟诗临帖醉深更。
案前一纸《兰亭序》，
意韵千年儒雅风。

二〇一八年春　北京

雪　韵

窗外飞雪舞，
小楼酒飘香。
知己二三人，
江湖话沧桑。

一九九八年冬　单县

听　雨

窗前微风花间雨，
山上清泉云里茶。
独立厅前观云起，
闲听雨声静待花。

二〇一〇年春　单县

荷　塘

雨过莲塘碧水清，
枝摇花摆舞晚风。
翠鸟枝头轻歌唱，
青蛙坐荷齐共鸣。

二〇一〇年夏　单县

咏　春

青山脚下风摆柳，
一江春水向东流。
桃花盛开九万朵，
莺歌燕舞闹不休。

二〇一二年春　北京

桃花颂

三月桃花香满天，
桃花岛里游醉舞。
春风十里吹不醒，
肯将春梦落人间。

二〇一四年春　北京

咏　柳

长短丝系轻慢摇，

如烟碎玉映云霄。

休言二月无佳景，

满目鹅黄别样红。

二〇二一年春　无锡

雨　荷

清新脱俗溢芬芳，

淡雅舞姿气韵扬。

经历雷鸣风雨动，

依然宛立水中央。

二〇二二年夏　无锡

南海春雨

河堤垂柳翠花开，
细雨春风暖意来。
紫燕回归寻旧地，
神州澎湃满情怀。

二〇二二年春　无锡

太湖颂

最美江南三月天，
桃红柳绿百花艳。
鸟语花香春光好，
碧水细雨打渔船。

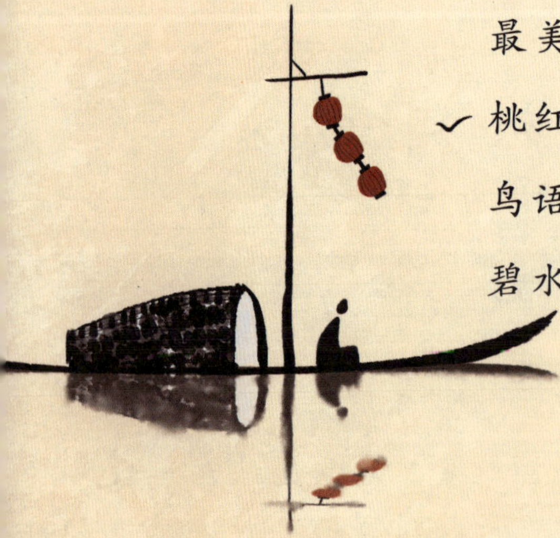

二〇二二年春　无锡

夏　至

春无踪迹少花姿，
绿叶浓荫果满枝。
飞鸟欢啼鸣夏至，
唤来柳絮写情诗。

一九九一年春　单县

莲　花

红白莲花共一塘，
两般颜色一般香。
宫娥梳洗争先动，
半是浓妆半淡妆。

一九九二年夏　单县

石榴花开

风抚虬枝炫晴空，
鸟鸣新翠歌苍穹。
长书浅夏墨笔涩，
醉妍琼花媚羞红。

二〇二二年夏　无锡

黄河颂

九曲黄河十八弯，
一浪劈开万重山。
咆哮狂奔入东海，
造福华夏万万年。

二〇二一年秋　北京

端午祭

五月端午祭屈原，
华夏民族气节添。
汨罗江上离别恨，
爱国主义世代传。

二〇二四年夏　北京

小　满

桃杏红黄小满天，
原野麦浪美倾翻。
桑蚕未老莲藕嫩，
蝉鸣鸡叫乐田园。

二〇二〇年秋　北京

大　海

碧水云天落日圆，
茫茫大海望无边。
狂风卷起浪千尺，
疑似白龙上九天。

二〇二一年秋　湛江

二、书以抒怀

教孙子杨慧宸写字

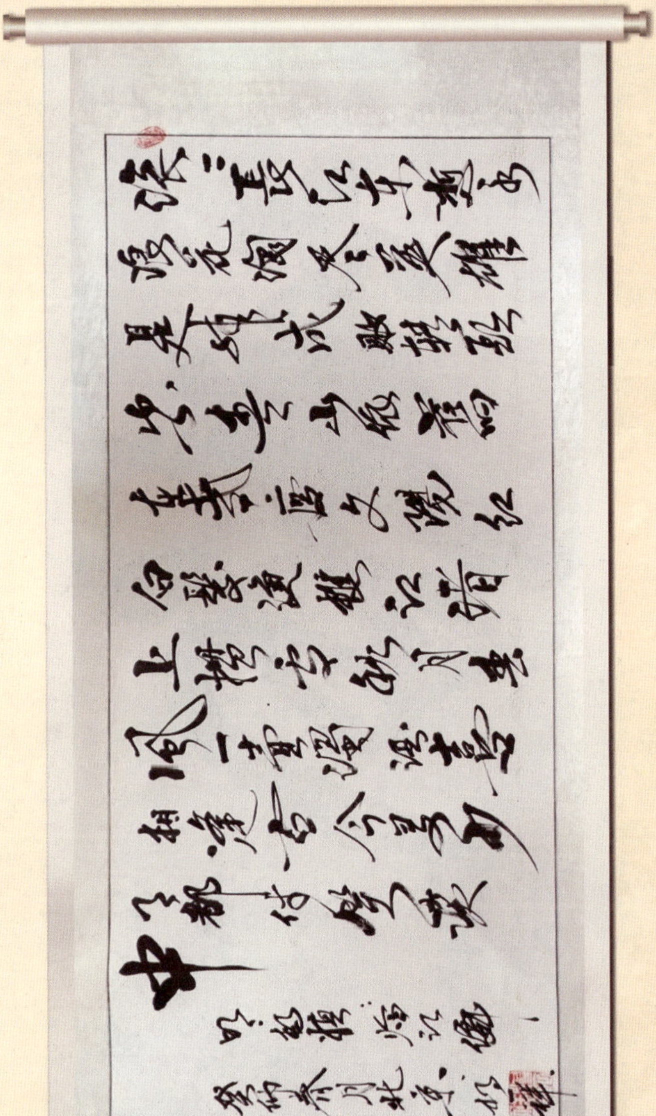

寿

精气神
天有日月星地有水火风人有精气神

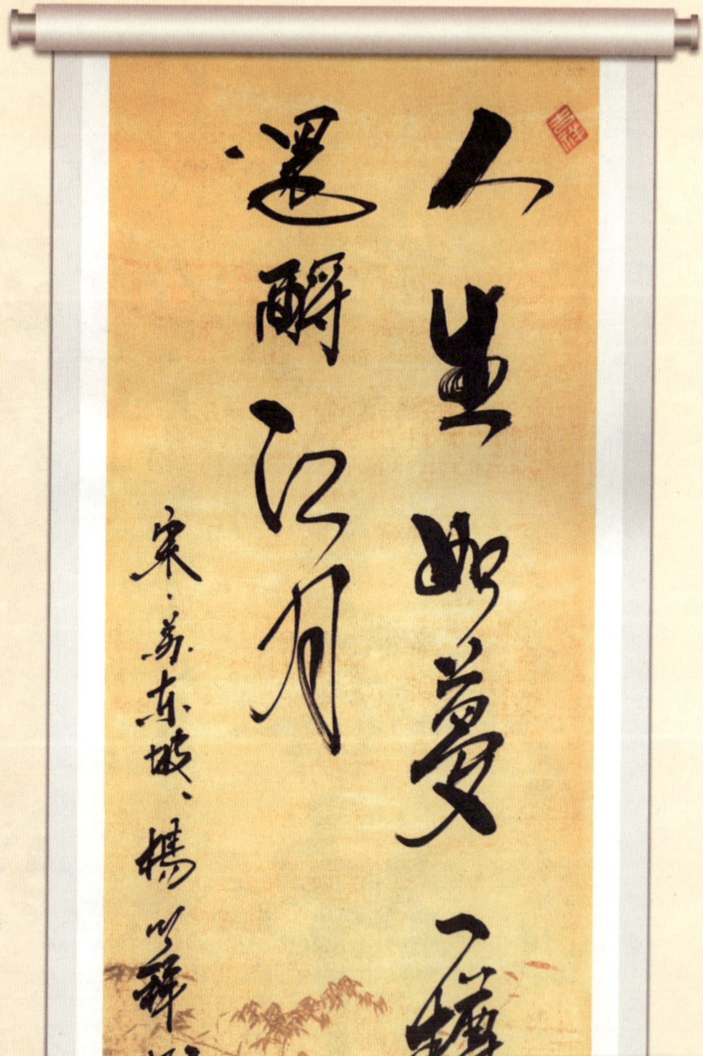
人生如夢一樽
還酹江月
宋、苏东坡

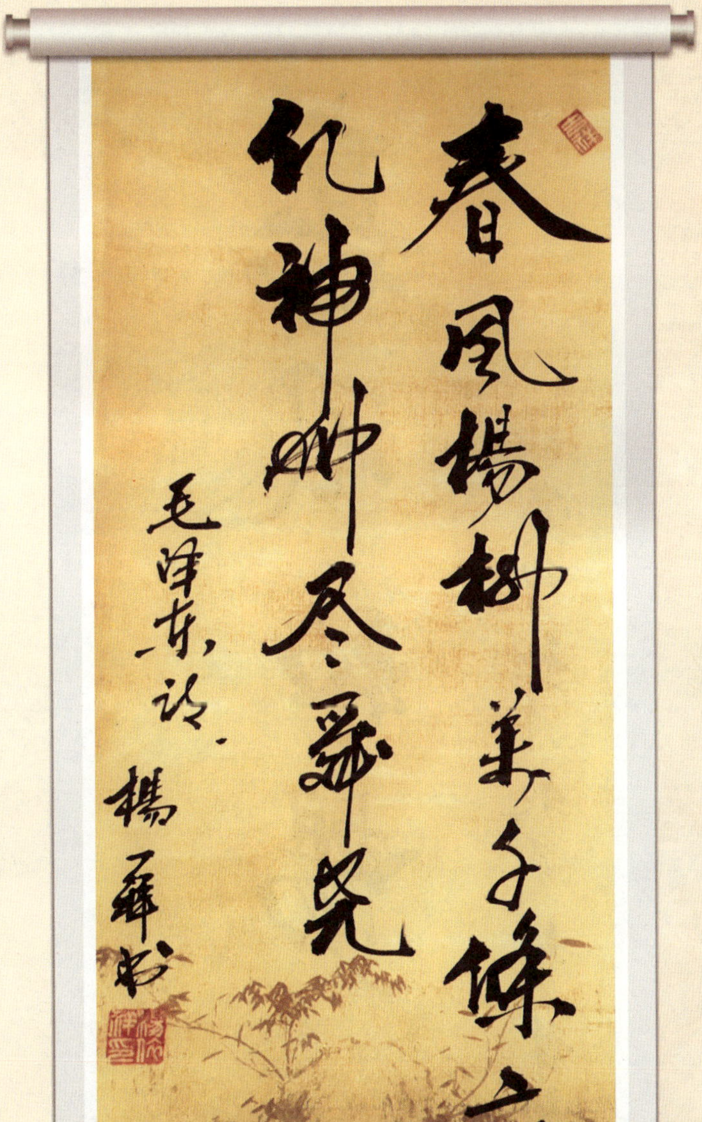
春风杨柳万千条六
亿神州尽舜尧
毛泽东诗
杨舜书

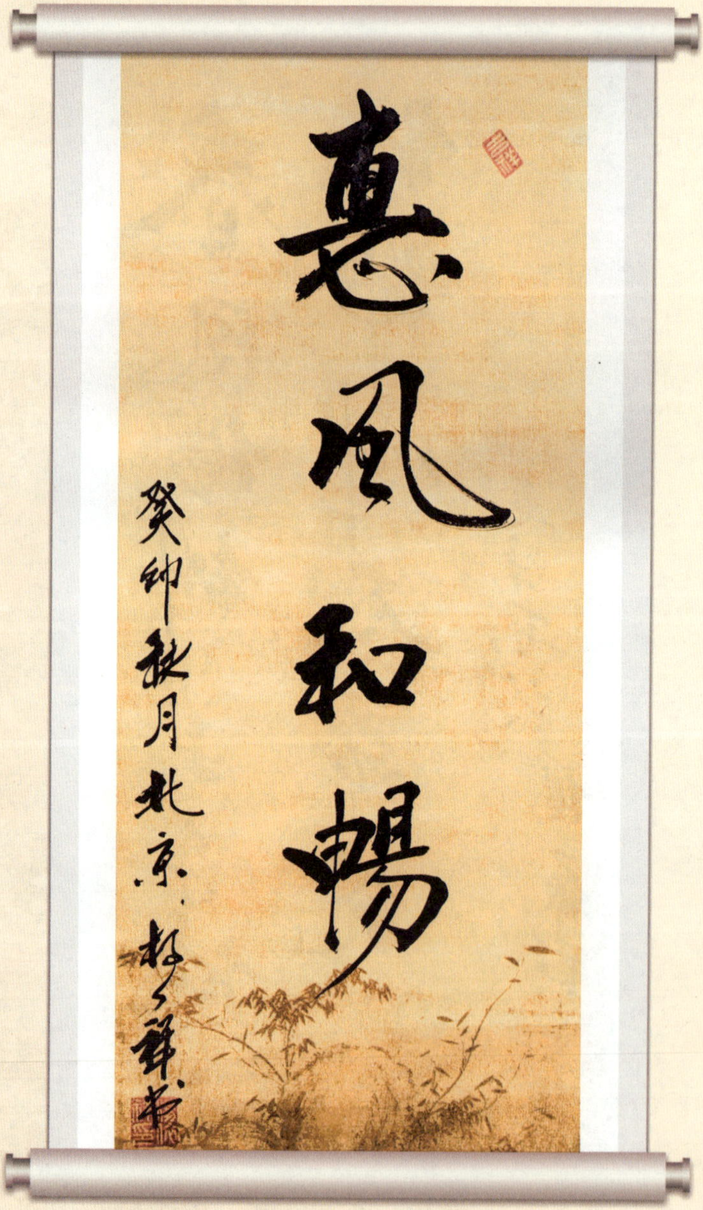
惠风和畅
癸卯秋月北京

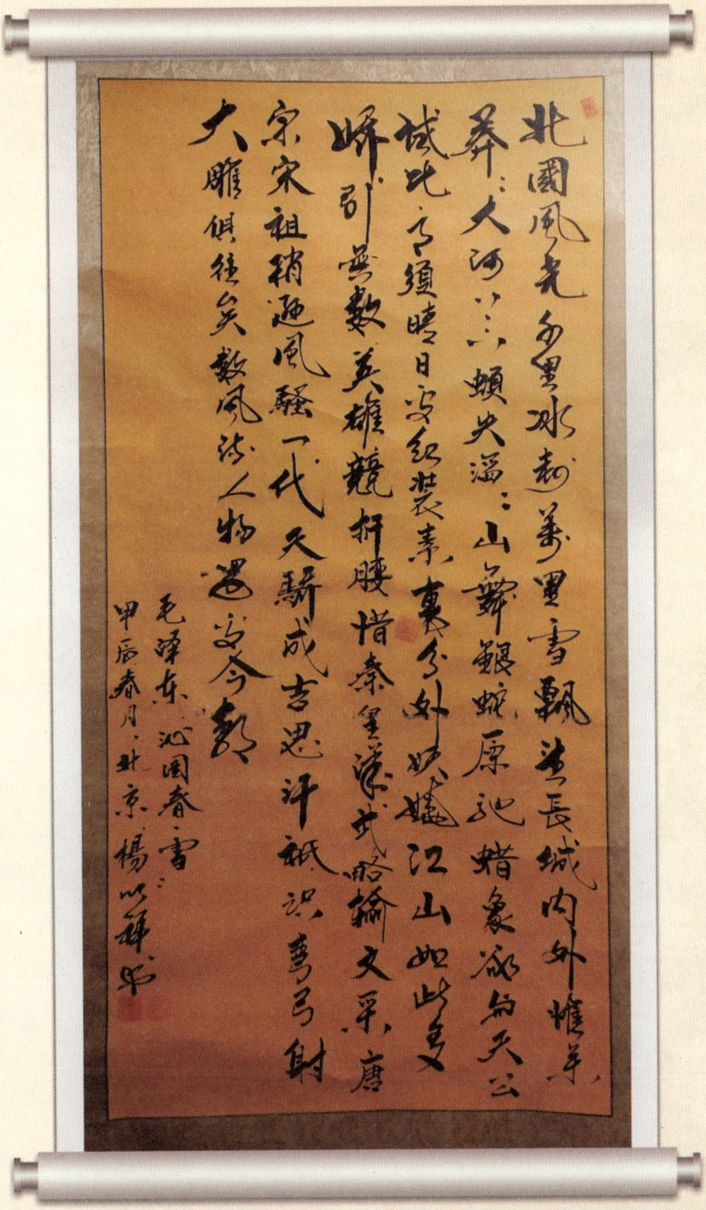
北國風光千里冰封萬里雪飄望長城內外惟餘莽莽大河上下頓失滔滔山舞銀蛇原馳蠟象欲與天公試比高須晴日看紅裝素裹分外妖嬈江山如此多嬌引無數英雄競折腰惜秦皇漢武略輸文采唐宗宋祖稍遜風騷一代天驕成吉思汗只識彎弓射大雕俱往矣數風流人物還看今朝
毛澤東 沁園春·雪
甲辰春月·北京

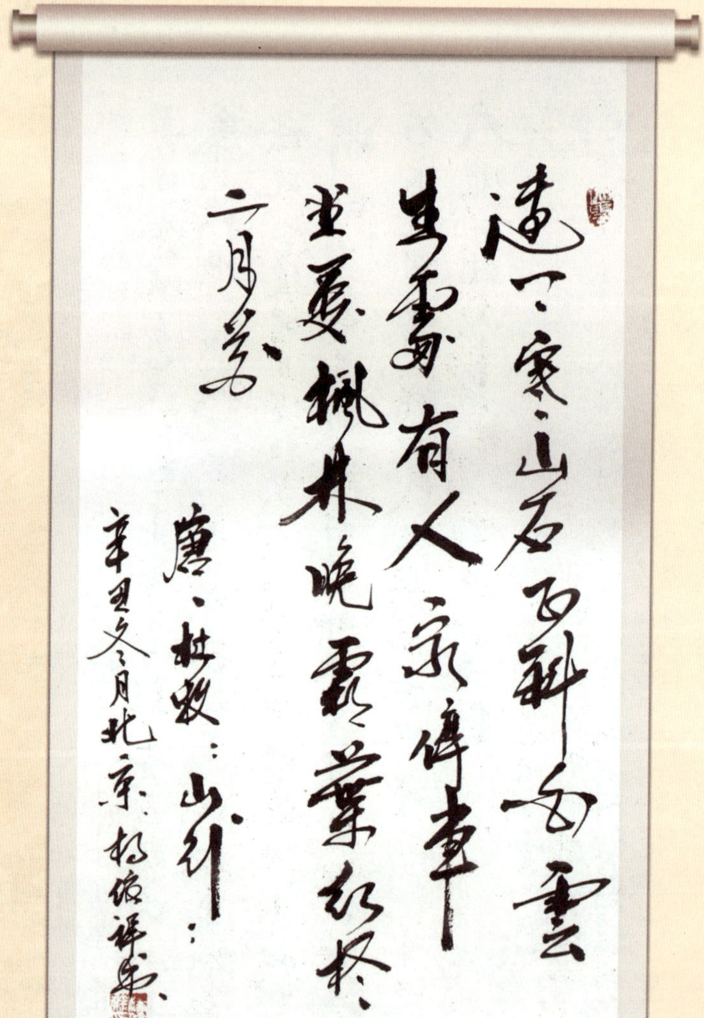
远上寒山石径斜
白云生处有人家
停车坐爱枫林晚
霜叶红于二月花
唐·杜牧·山行
辛丑冬月北京

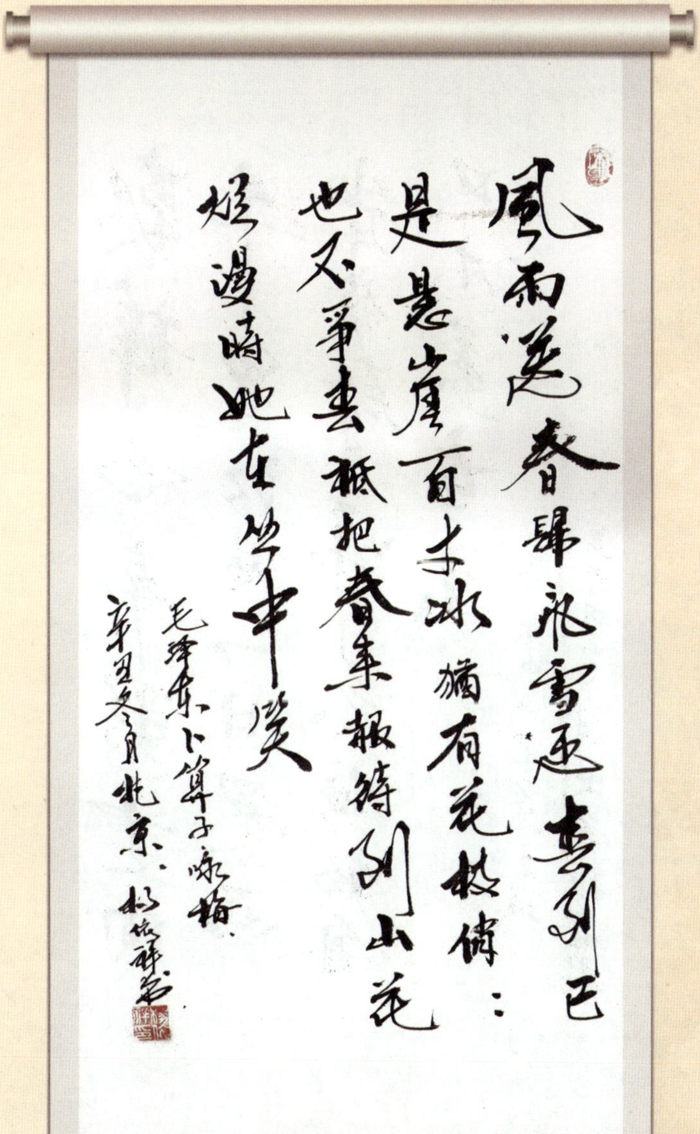
風雨送春歸飛雪迎春到已
是懸崖百丈冰猶有花枝俏：
也不爭春祇把春來報待到山花
爛漫時她在叢中笑
毛泽东卜算子咏梅
辛丑冬月北京

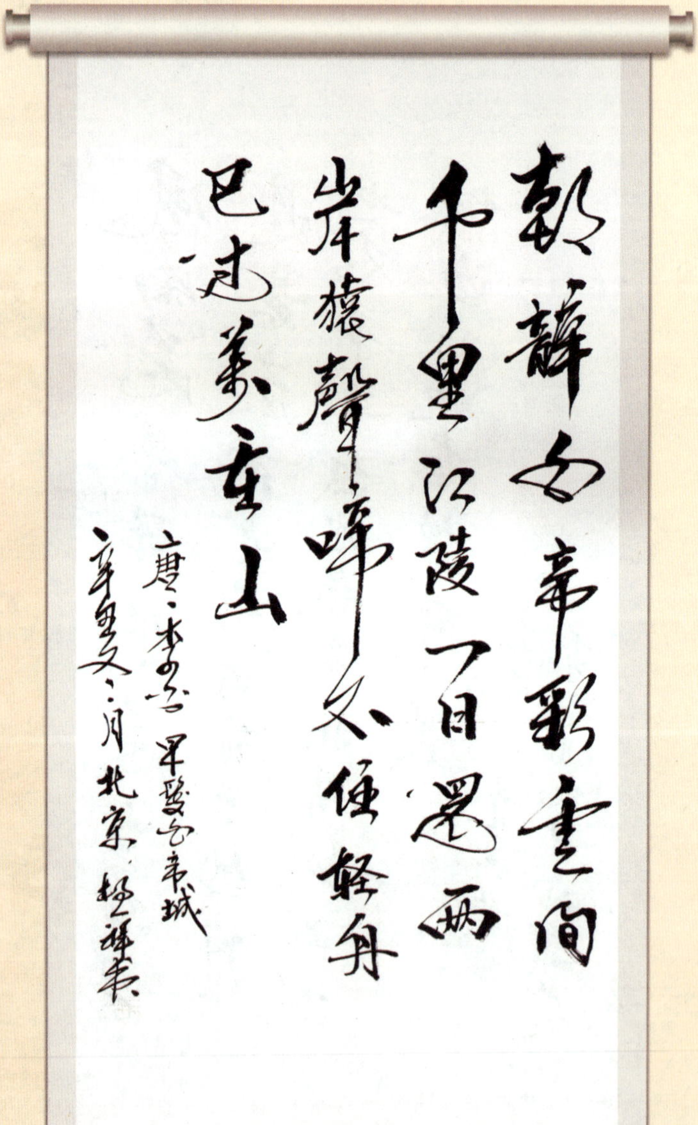
朝辭白帝彩雲間
千里江陵一日還兩
岸猿聲啼不住輕舟
已過萬重山
唐·李白 早發白帝城

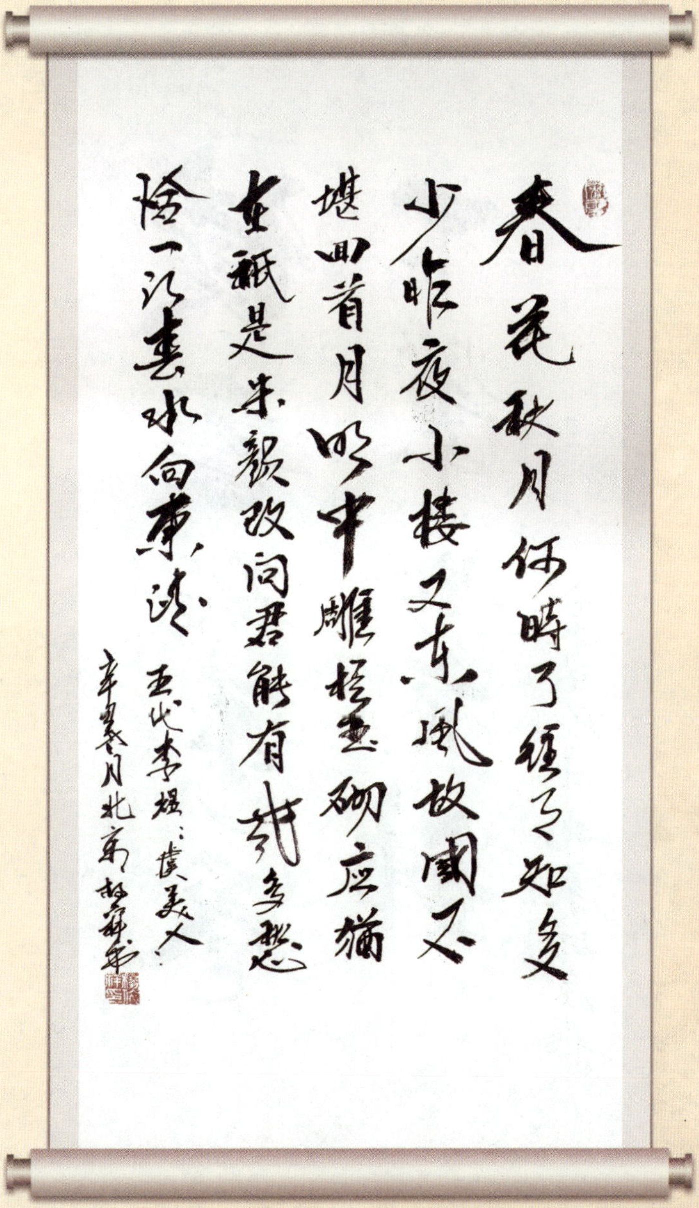
春花秋月何時了往事知多
少昨夜小樓又東風故國不
堪回首月明中雕欄玉砌應猶
在只是朱顏改問君能有幾多愁
恰一江春水向東流
五代李煜　虞美人

读书破万卷
下笔如有神

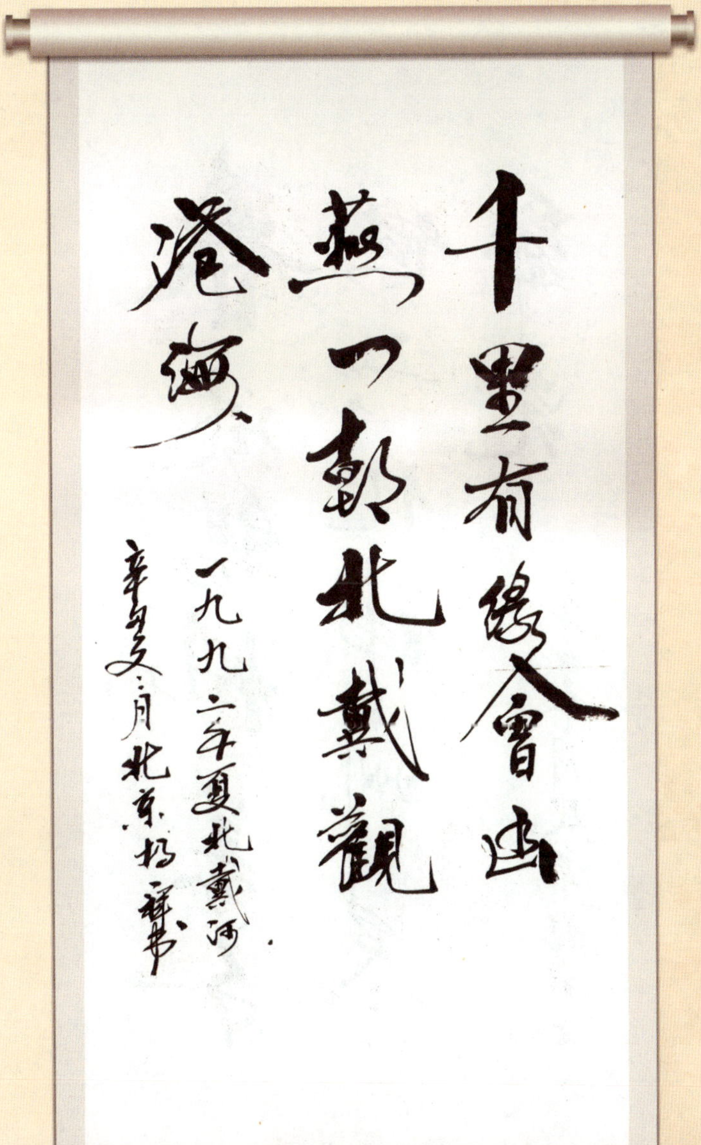
一九九二年夏北戴河

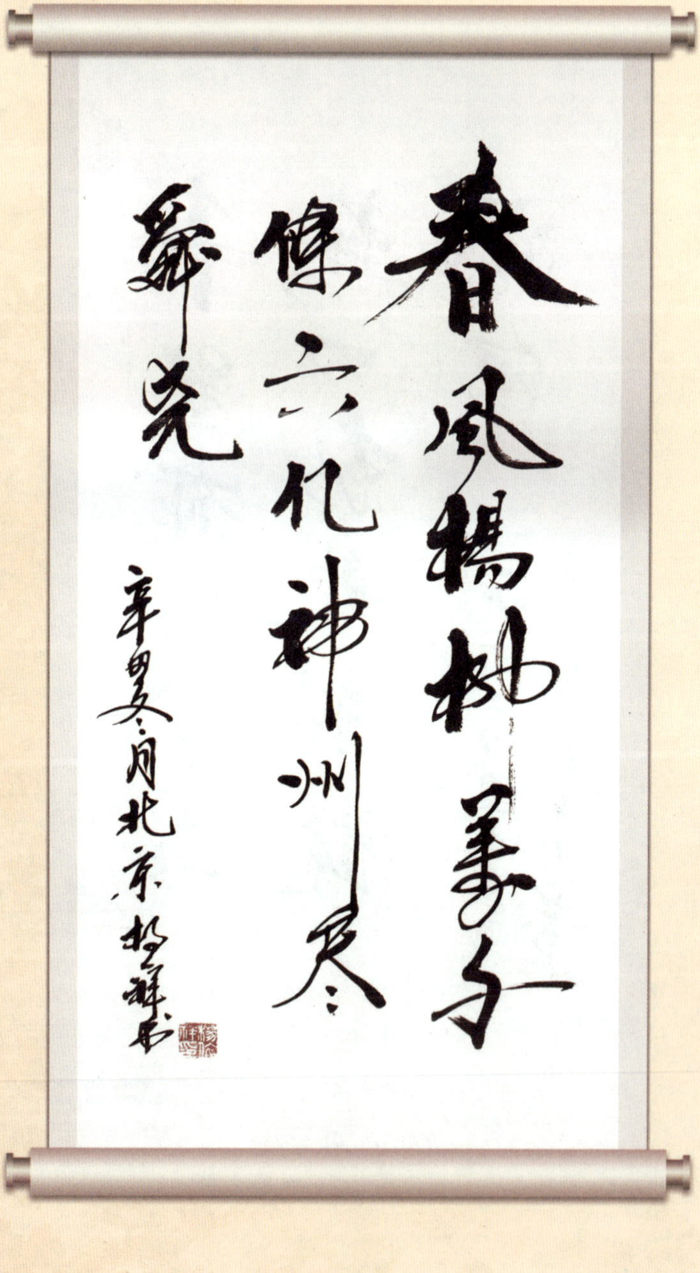
春风杨柳万千
条六亿神州尽
舜尧
辛丑夏月北京

福壽康寧

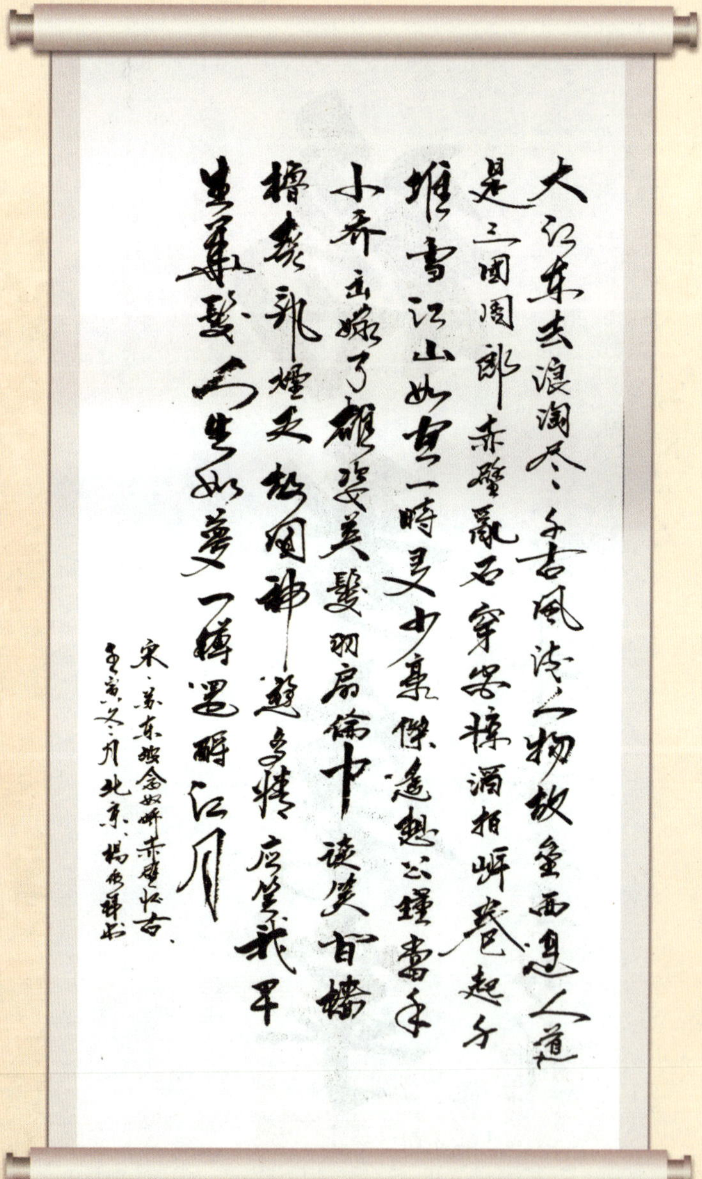
大江东去浪淘尽千古风流人物故垒西边人道
是三国周郎赤壁乱石穿空惊涛拍岸卷起千
堆雪江山如画一时多少豪杰遥想公瑾当年
小乔初嫁了雄姿英发羽扇纶巾谈笑间樯
橹灰飞烟灭故国神游多情应笑我早
生华发人生如梦一尊还酹江月
宋·苏东坡念奴娇赤壁怀古